Spielen und Überlegen

Die Denkschule · Teil 2

von

Gerhard N. Müller
Erich Ch. Wittmann

programm mathe 2000
von
Prof. Dr. E. Ch. Wittmann
und Prof. Dr. G. Müller

Ernst Klett Grundschulverlag
Leipzig Stuttgart Düsseldorf

Dieses Heft enthält Spielpläne für 10 Denkspiele der Stufe 3 und 10 Denkspiele der Stufe 4.
Die Spielregeln werden immer in einem eingerahmten, weißen Feld erklärt.
Das benötigte Spielmaterial findest du in der Beilage.
Lege es nach dem Spielen in einen Briefumschlag, damit es nicht verloren geht. Je öfter du ein Spiel spielst, desto mehr wird deine Denkkraft gestärkt:

Übung macht den Meister!

Viel Spaß beim „Spielen und Überlegen"!

Stufe 3

Inhaltsverzeichnis

Stufe 3

Froschhüpfen 1

1 Spieler

Spielmaterial: 3 rote und 3 blaue Spielsteine als Frösche

Spielregel: Die roten Frösche liegen zu Beginn auf den blauen Feldern und umgekehrt. Am Ende muss Rot auf Rot und Blau auf Blau liegen.
Schiebe einen Frosch auf ein freies Nachbarfeld oder springe über einen Nachbarfrosch auf das dahinter liegende freie Feld.
„Über Eck" ist verboten.

Aus 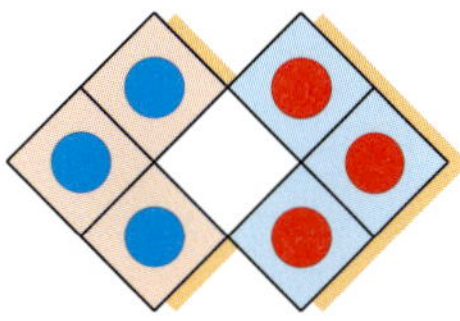 mache 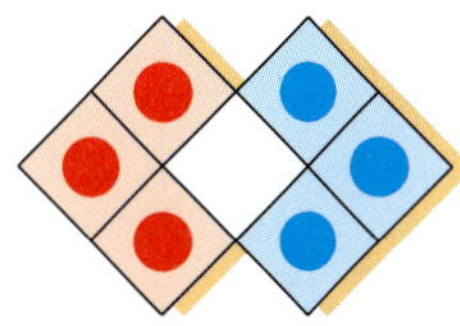

Froschhüpfen 2

1 Spieler

Aus 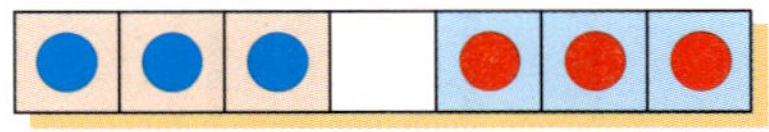 mache 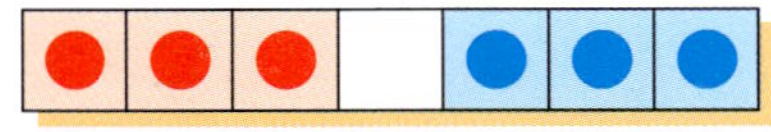

Versteckte Farben

1 Kandidat
und 1 Spielleiter

Spielmaterial: 3 Farbsteine (rot, blau und gelb)
1 Bleistift und Papier
1 Spielplan (erstellt nach Vorlage)
1 Merkzettel für Spielleiter
(erstellt nach Vorlage)

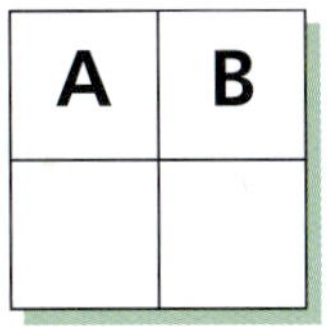

Merkzettel

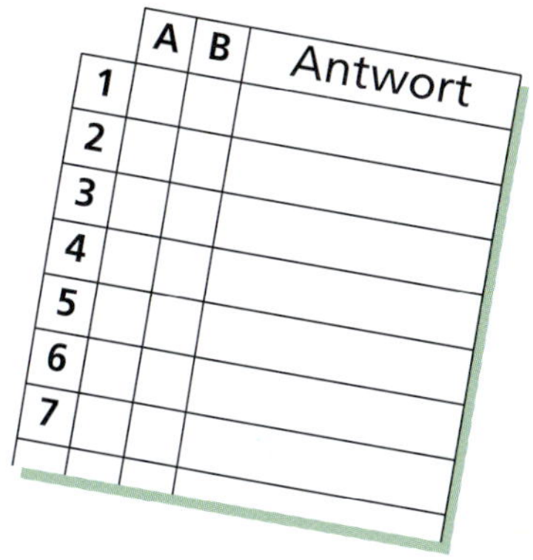

Spielplan

Spielregel: Der Spielleiter wählt eine erste Farbe für Platz A und eine zweite Farbe für Platz B. Diese Farben dürfen auch gleich sein. Er notiert seine Wahl auf dem Merkzettel, der für den Kandidaten verdeckt ist.
Der Kandidat soll in möglichst wenigen Versuchen die Farben herausfinden. Dazu notiert er seine Farbenwahl nacheinander auf dem Spielplan.
Der Spielleiter gibt jeweils eine Antwort:
- für jede richtige Farbe an einem richtigen Platz ein Kreuz: X,
- für jede richtige Farbe an einem falschen Platz einen Kreis: ○,
- ist keine Farbe richtig, so bleibt das Antwortfeld leer.

Spring im Dreieck

1 Spieler

Spielmaterial: 14 Spielsteine

Spielregel: Lege die Spielsteine so auf das Spielfeld, dass eine Ecke frei bleibt. Springe immer geradlinig über einen Stein auf ein freies Feld. Entferne den übersprungenen Stein. Am Schluss soll ein einziger Stein übrig bleiben.

Kleine Mühle

2 Spieler

Spielmaterial: 3 rote Steine für den einen,
3 blaue für den anderen Spieler

Spielregel: Die Spieler einigen sich, wer anfängt, und setzen abwechselnd je einen Stein auf ein freies Feld. Wem es gelingt, 3 Steine als „Mühle“ (d.h. nebeneinander in einer Reihe, Spalte oder Diagonalen) zu platzieren, der hat gewonnen. Sind alle Steine gelegt, ohne dass eine Mühle entstanden ist, so ziehen die Spieler abwechselnd einen ihrer Steine entlang der Linien auf ein freies Nachbarfeld, um so eine Mühle zu erzielen.

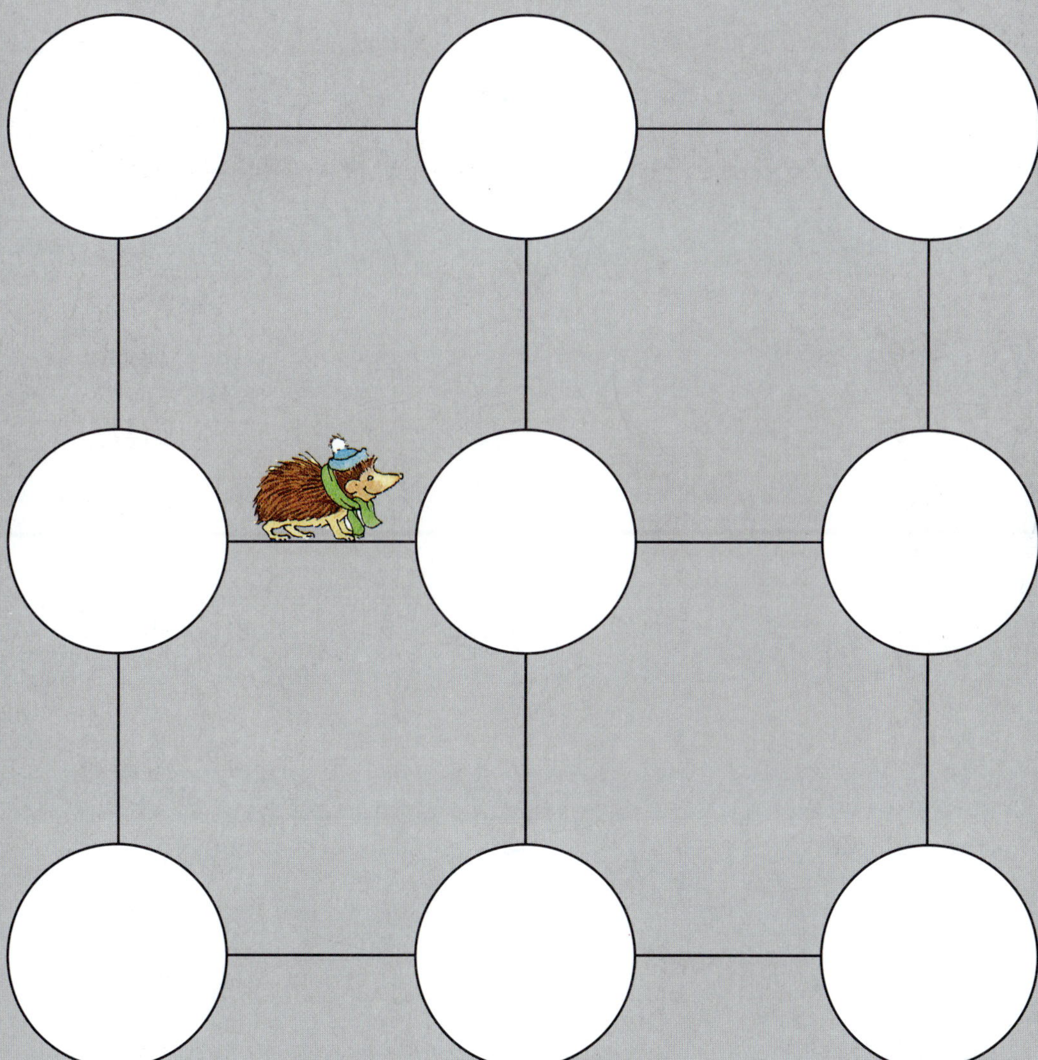

Gut geordnet

1 Spieler

Spielmaterial: Spielkarten mit den Zahlen 1 bis 8

Spielregel: Die Karten werden zuerst normal geordnet (1 als oberste Karte, 2 als zweite Karte, …, 8 als unterste Karte) und dann auf dem Tisch nach folgender Regel in der Reihe von links nach rechts abgelegt:

- oberste Karte ablegen,
- nächste Karte unten an den Stapel anfügen,
- oberste Karte ablegen,
- nächste Karte unten an den Stapel anfügen usw.

Ist der ganze Stapel so ausgelegt, dann liegt folgende Reihe auf dem Tisch:

1	**3**	**5**	**7**	**2**	**6**	**4**	**8**

Aufgabe: Ordne die Karten zu Beginn so zu einem Stapel, dass bei der obigen Ablegeregel die normale Reihe entsteht:

1	**2**	**3**	**4**	**5**	**6**	**7**	**8**

Wie müssen dann die Karten im Stapel liegen?
Wer es mit 8 Karten geschafft hat, der kann es mit 10 Karten probieren.

Pentomino 1

1 Spieler

Spielmaterial: 12 Pentominos

Spielregel: Lege mit den Formen die Figuren soweit wie möglich aus. Vielleicht schaffst du es auch ganz.

Pentomino 2

Rechteck

Quadrat mit Fenster

Umfüllen

1 Spieler

Spielmaterial: 3 Milchkannen mit 8 Spielsteinen (Litern) zum Umfüllen: eine ganz gefüllte 8-Liter-Kanne, eine leere 5-Liter-Kanne und eine leere 3-Liter-Kanne

Spielregel: Ziel ist es, ohne weitere Hilfsmittel die Milch so umzufüllen, dass sich am Schluss in der 8-Liter- und der 5-Liter-Kanne jeweils genau 4 Liter befinden.
Dabei kannst du nur so umfüllen:
- entweder bis die Kanne, in die umgefüllt wird, ganz voll ist
- oder bis die Kanne, aus der abgefüllt wird, ganz leer ist.

Aus

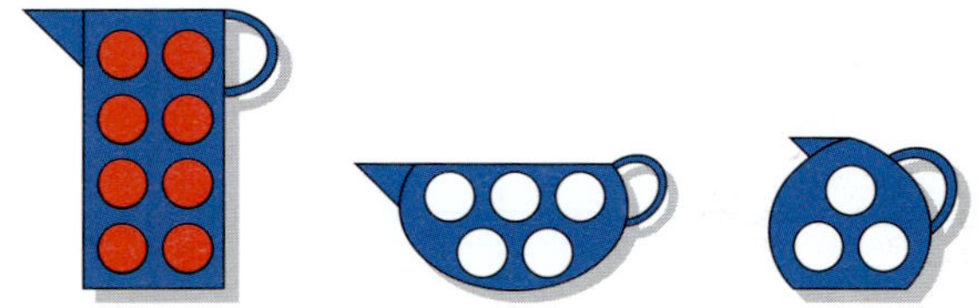

mache

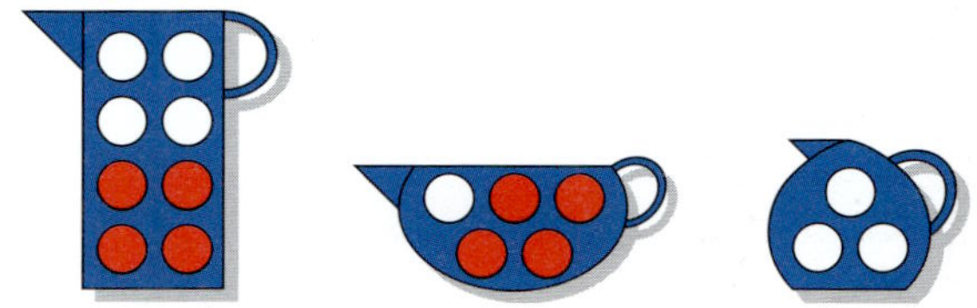

Paare verschieben

1 Spieler

Spielmaterial: 4 blaue und 4 rote Spielsteine

Spielregel: Du darfst mit Zeige- und Mittelfinger immer ein Paar benachbarter Steine auf zwei beliebige freie Nachbarfelder verschieben, ohne die Hand zu verdrehen.
Ziel ist eine „bunte Reihe".

Aus

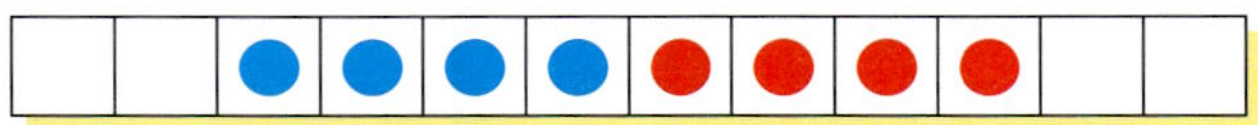

mache

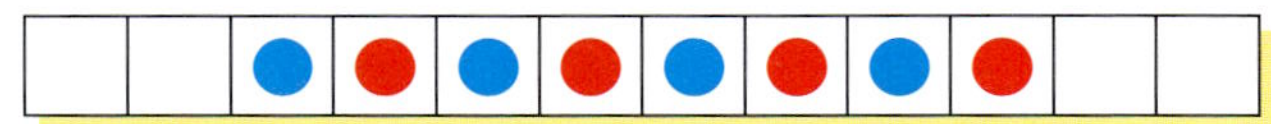

Türme bauen 1

1 Spieler

Spielmaterial: 3 unterschiedlich große Kreisscheiben

Spielregel: Auf den drei bunten Feldern werden jeweils mit den Kreisscheiben Türme gebaut. Es darf aber immer nur eine kleinere Scheibe auf eine größere gelegt werden und niemals umgekehrt.

Aus

mache

Türme bauen 2

1 Spieler

Spielmaterial: 4 unterschiedlich große Kreisscheiben

Aus

mache

Forscher und Goldsucher

1 Spieler

Spielmaterial: 7 Spielkärtchen: 3 Forscher, 3 Goldsucher und 1 Boot

Spielregel: Alle Männer können rudern und möchten an das andere Ufer wechseln. Im Boot haben aber immer nur zwei Platz. Die Forscher möchten aber auf keinem Ufer gegenüber den Goldsuchern jemals in der Unterzahl sein. Wie kommen sie trotzdem an das andere Ufer?

Stufe 4

Inhaltsverzeichnis

Stufe 4

Froschhüpfen 1

1 Spieler

Spielmaterial: Rote und blaue Spielsteine als Frösche

Spielregel: Die roten Frösche liegen zu Beginn auf den blauen Feldern und umgekehrt. Am Ende muss Rot auf Rot und Blau auf Blau liegen. Schiebe einen Frosch auf ein freies Nachbarfeld oder springe über einen Nachbarfrosch auf das dahinter liegende freie Feld. „Über Eck“ ist verboten.

Aus

mache

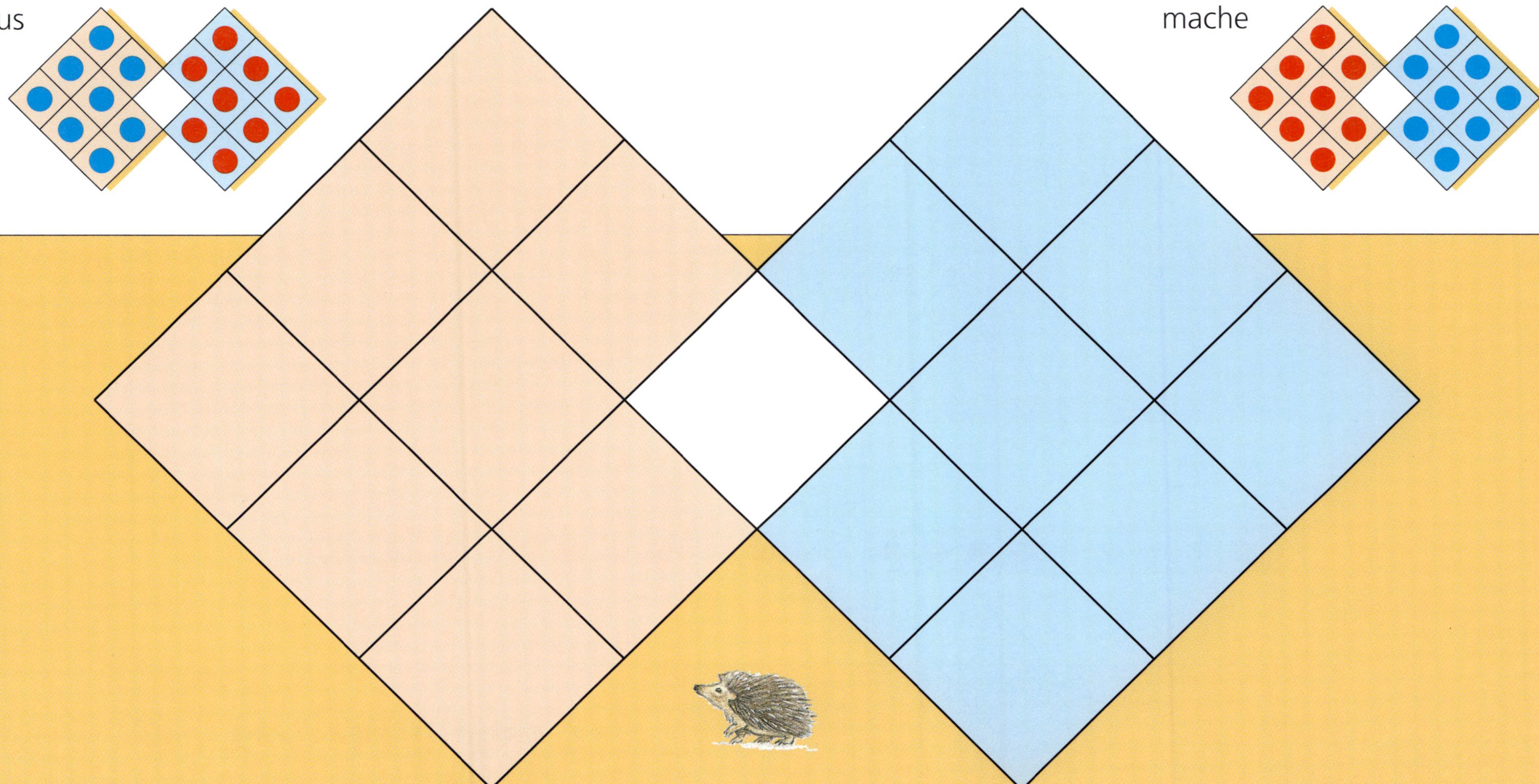

Froschhüpfen 2

1 Spieler

Aus 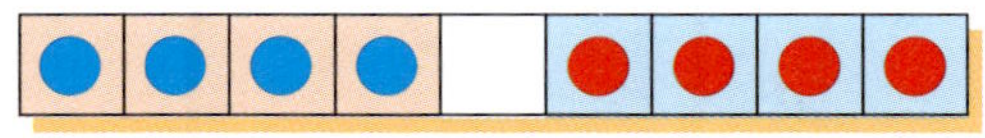 mache 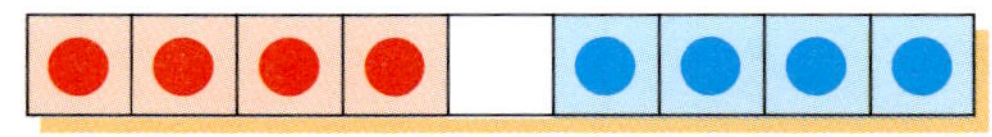

Versteckte Farben

1 Kandidat
und 1 Spielleiter

Spielmaterial: 4 Farbstifte (rot, blau, gelb und grün)
1 Bleistift und Papier
1 Spielplan (erstellt nach Vorlage)
1 Merkzettel für Spielleiter
(erstellt nach Vorlage)

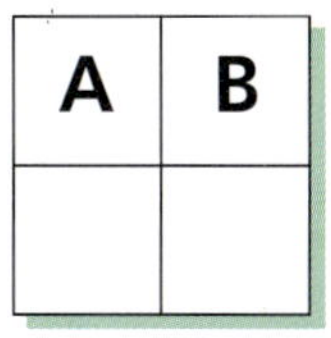

Merkzettel

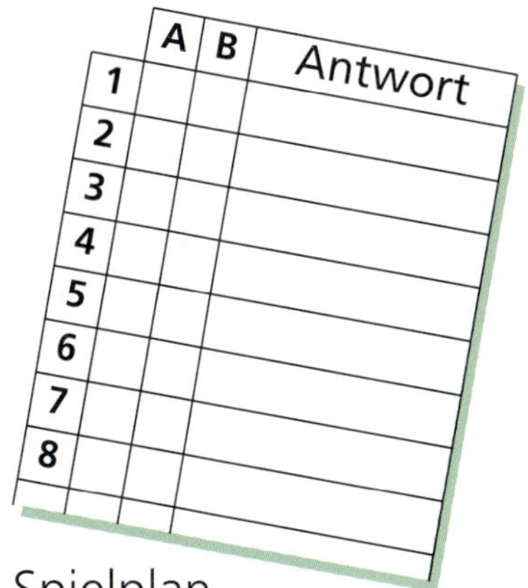

Spielplan

Spielregel: Der Spielleiter wählt eine erste Farbe für Platz A und eine zweite Farbe für Platz B. Diese Farben dürfen auch gleich sein. Er notiert seine Wahl auf dem Merkzettel, der für den Kandidaten verdeckt ist.

Der Kandidat soll in möglichst wenigen Versuchen die Farben herausfinden. Dazu notiert er seine Farbenwahl nacheinander auf dem Spielplan.

Der Spielleiter gibt jeweils eine Antwort:

- für jede richtige Farbe an einem richtigen Platz ein Kreuz: X,
- für jede richtige Farbe an einem falschen Platz einen Kreis: ○,
- ist keine Farbe richtig, so bleibt das Antwortfeld leer.

Spring im Quadrat

1 Spieler

Spielmaterial: 9 Spielsteine

Spielregel: Lege die Spielsteine auf die neun inneren Felder. Springe immer geradlinig (horizontal, vertikal oder diagonal) über einen Stein auf ein freies Feld. Entferne den übersprungenen Stein. Am Schluss soll ein einziger Stein übrig bleiben.

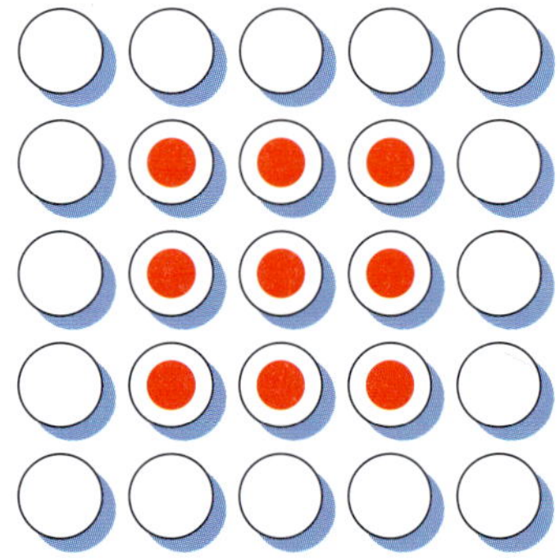

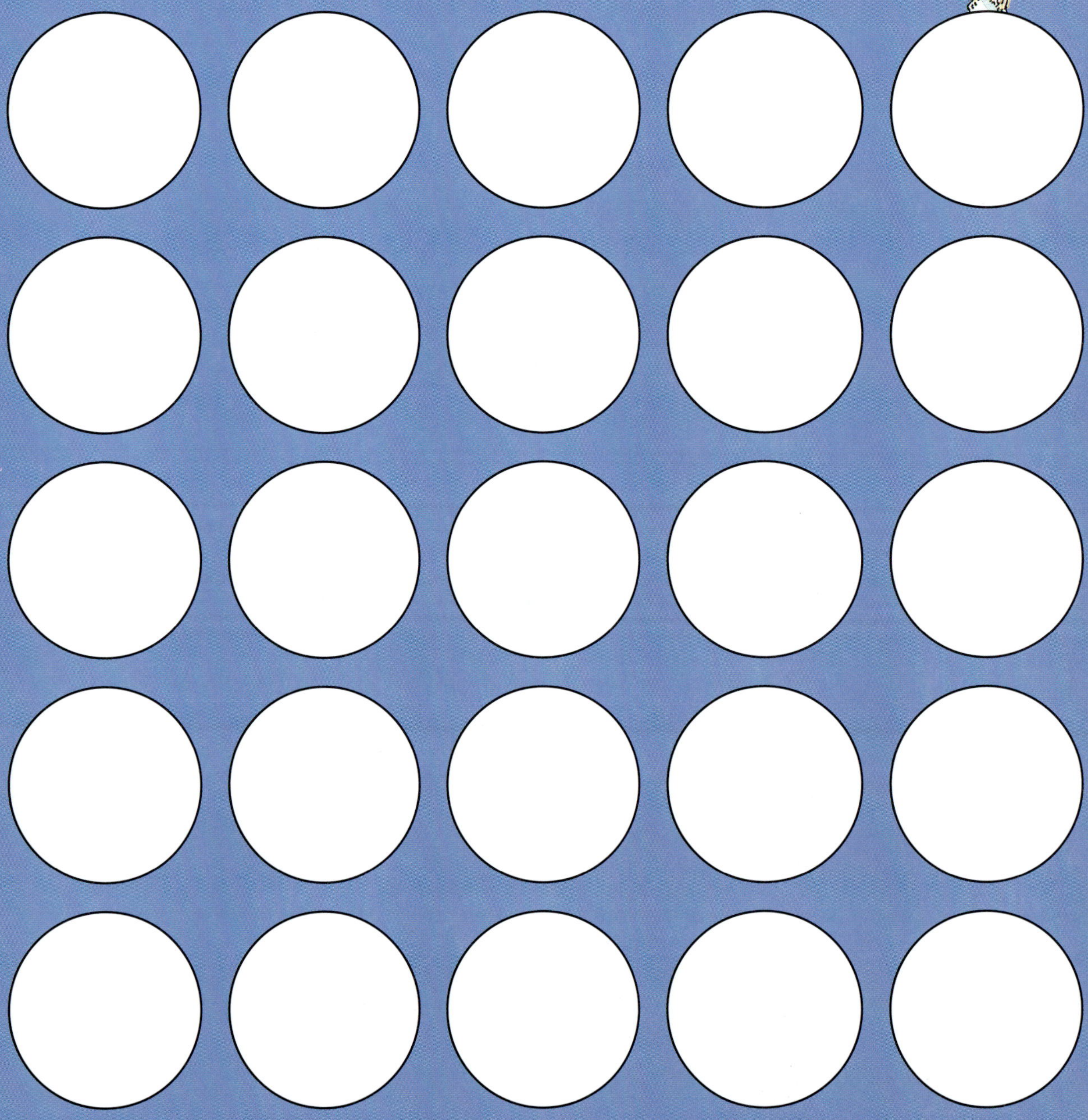

Afrikanische Mühle

2 Spieler

Spielmaterial: 4 rote Steine für den einen,
4 blaue Steine für den anderen Spieler

Spielregel: Die Spieler einigen sich, wer anfängt, und setzen abwechselnd je einen Stein auf ein freies Feld. Wem es gelingt, 3 Steine als Mühle (d.h. nebeneinander in einer Reihe, Spalte oder Diagonalen) zu platzieren, der hat gewonnen. Sind alle Steine gelegt, ohne dass eine Mühle entstanden ist, so ziehen die Spieler abwechselnd einen ihrer Steine entlang der Linien auf ein freies Nachbarfeld, um so eine Mühle zu erzielen.
Wer den Gegner festsetzt, so dass er nicht mehr ziehen kann, hat ebenfalls gewonnen.

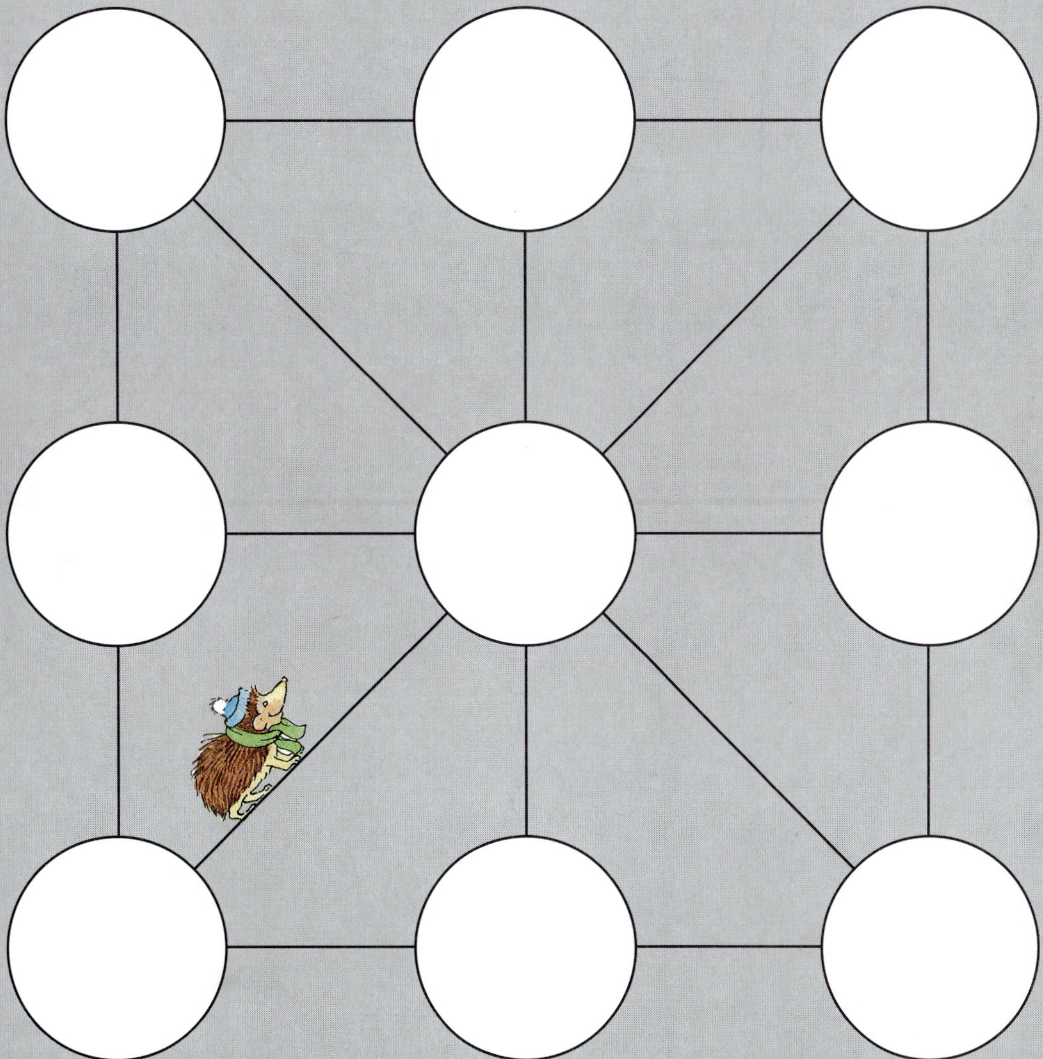

Gut geordnet

1 Spieler

Spielmaterial: Spielkarten mit den Zahlen 1 bis 16

Spielregel: Die Karten werden zuerst normal geordnet (1 als oberste Karte, 2 als zweite Karte, …, 16 als unterste Karte) und dann auf dem Tisch nach folgender Regel in einer Reihe von links nach rechts abgelegt:

– oberste Karte ablegen,
– nächste Karte unten an den Stapel anfügen,
– oberste Karte ablegen,
– nächste Karte unten an den Stapel anfügen usw.

Ist der ganze Stapel so ausgelegt, dann liegt folgende Reihe auf dem Tisch:

1	3	5	7	9	11	13	15	2	6	10	14	4	12	8	16

Aufgabe: Ordne die Karten zu Beginn so zu einem Stapel, dass bei der obigen Ablegeregel die normale Reihe entsteht:

1	2	3	4	5	6	7	8	9	10	11	12	13	14	15	16

Wie müssen dann die Karten im Stapel liegen?

Quadromino 1

1 Spieler

Spielmaterial: 24 Quadrominosteine

Spielregel: Lege mit Spielsteinen die Figuren aus.
Beachte dabei:
- Alle Randdreiecke müssen stets die gleiche Farbe haben.
- Benachbarte Teildreiecke verschiedener Spielsteine müssen stets die gleiche Farbe haben.

Du kannst schon stolz sein, wenn es nur noch an ein, zwei oder drei Stellen nicht stimmt. Vielleicht schaffst du aber für alle Figuren die volle Lösung.

Quadromino 2

			Großes Quadrat

					Rechteck

Umfüllen

1 Spieler

Spielmaterial: 3 Milchkannen mit 12 Spielsteinen (Litern) zum Umfüllen: eine ganz gefüllte 12-Liter-Kanne, eine leere 7-Liter-Kanne und eine leere 5-Liter-Kanne

Spielregel: Ziel ist es, ohne weitere Hilfsmittel die Milch so umzufüllen, dass sich am Schluss in der 12-Liter- und der 7-Liter-Kanne jeweils genau 6 Liter befinden.
Dabei kannst du nur so umfüllen:
- entweder bis die Kanne, in die umgefüllt wird, ganz voll ist
- oder bis die Kanne, aus der abgefüllt wird, ganz leer ist.

Aus

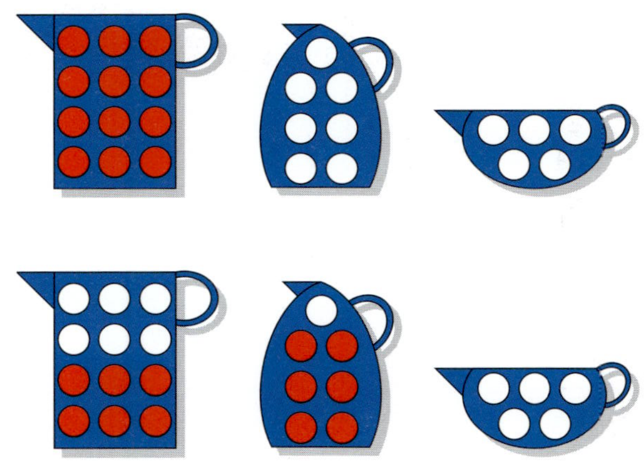

mache

Paare verschieben

1 Spieler

Spielmaterial: 3 blaue und 4 rote Spielsteine

Spielregel: Du darfst mit Zeige- und Mittelfinger immer ein Paar benachbarter Steine auf zwei beliebige freie Nachbarfelder verschieben, ohne die Hand zu verdrehen.
Ziel ist eine „bunte Reihe“.

Aus

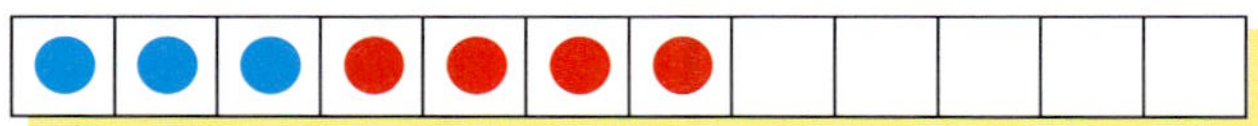

mache

oder

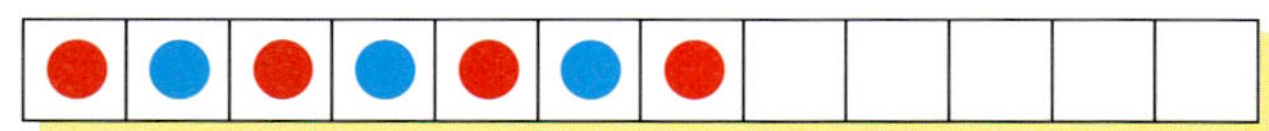

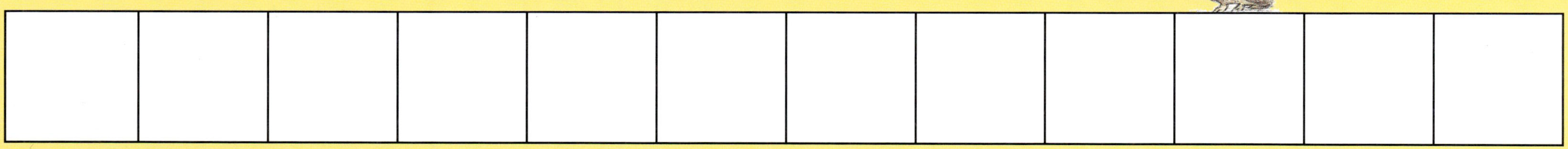

Türme bauen 1

1 Spieler

Spielmaterial: 5 unterschiedlich große Kreisscheiben

Spielregel: Auf den drei bunten Feldern werden jeweils mit den Kreisscheiben Türme gebaut. Es darf aber immer nur eine kleinere Scheibe auf eine größere gelegt werden und niemals umgekehrt.

Aus

mache

Türme bauen 2

1 Spieler

Spielmaterial: 6 unterschiedlich große Kreisscheiben

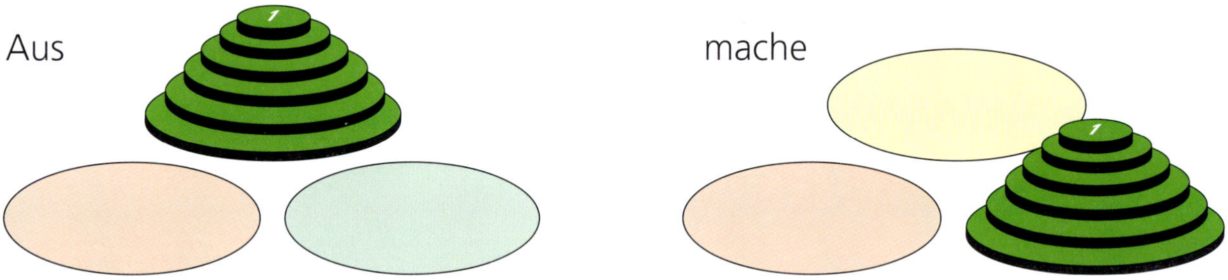

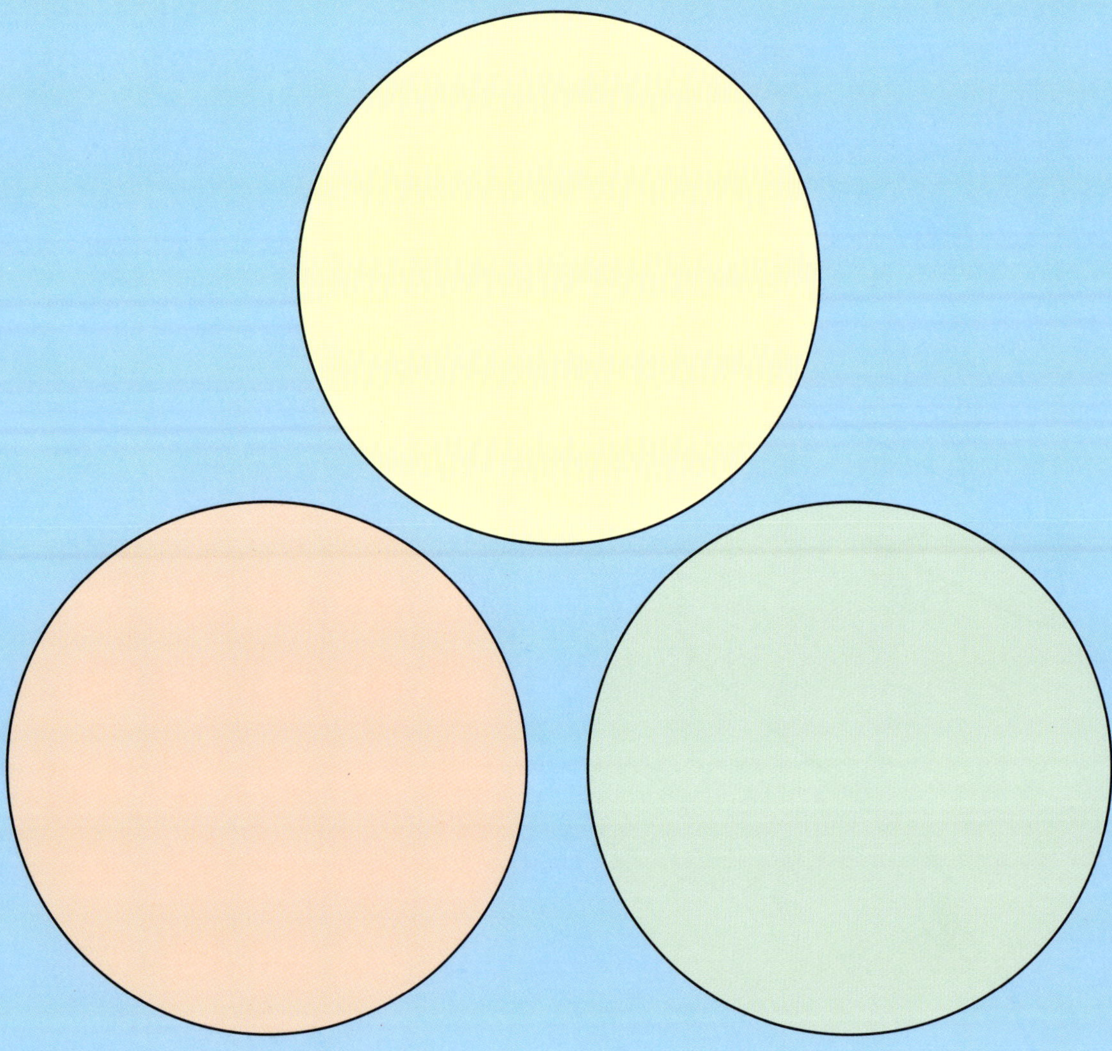

Eifersüchtige Freunde

1 Spieler

Spielmaterial: 7 Spielkärtchen: 3 Pärchen (Junge, Mädchen) und 1 Boot

Spielregel: Alle Personen können rudern und möchten an das andere Ufer wechseln. Im Boot haben immer nur zwei Personen Platz. Die Jungen sind sehr eifersüchtig. Deshalb möchte keiner von ihnen, dass seine Freundin mit anderen Jungen zusammen kommt, ohne dass er dabei ist.
Wie kommen sie trotzdem an das andere Ufer?

Hinweise und Lösungen

Inhaltsverzeichnis

Hinweise und Lösungen

Hinweise zur Benutzung der Denkschule

Die Entwicklung kreativer Problemlösungsansätze in Verbindung mit kombinatorisch-logischem Denken hat in allen Wissensbereichen und Berufsfeldern grundlegende Bedeutung für überlegtes, zielgerichtetes Handeln. Die Einführung in diese Denkweise muss schon im Kindesalter erfolgen, indem an die Neugier, die kreative Fantasie und die natürliche Neigung von Kindern zum Spielen angeknüpft wird, d.h. durch ***Denkspiele***.
Wie die schier unerschöpfliche Literatur über diesen Bereich zeigt, sind Denkspiele seit Jahrtausenden in den Kulturen aller Erdteile verwurzelt. Ihr Bestand wurde im Laufe der Zeit immer stärker erweitert und bereichert, insbesondere auch durch die Pflege von Denkspielen in den Wissenschaften Mathematik und Logik. Diese lange Tradition zeigt, dass Denkspiele auf Jung und Alt einen besonderen Reiz ausüben. Bei Kindern geht es darum, ihr kreatives Potenzial zu ***entfalten***, bei Erwachsenen darum, es zu ***erhalten***. Genauso wie gute Kinderliteratur auch Literatur für Erwachsene ist, sind gute Denkspiele für Kinder und Erwachsene gleichermaßen geeignet.

Struktur der Denkschule

Die Denkschule von „mathe 2000" beinhaltet Denkspiele (mit verschiedenen Varianten), die nach folgenden Kriterien ausgewählt und bearbeitet wurden:

1. Die Spiele sollten ein möglichst breites ***Spektrum unterschiedlicher Denkanforderungen*** abdecken. Daher wurden folgende ***10 Typen*** von Spielen berücksichtigt: Platzwechselspiele, Solitärspiele, Strategiespiele (ohne Wettbewerbscharakter), Anordnungsspiele, Legespiele, Umordnungsspiele, Münzenspiele, Rangierspiele, Überfahrtsspiele und Spiele zum Gedächtnistraining.

2. Jeder Typ sollte auf jeder Stufe (Klassenstufe) auftreten, von Stufe zu Stufe mit ***langsam steigendem Schwierigkeitsgrad***.

3. Die Spiele sollten vielfältige Handlungsmöglichkeiten bieten, damit ***für alle Kinder***, nicht nur für leistungsstarke, ein Zugang und von Durchgang zu Durchgang eine Leistungssteigerung möglich ist. Ausgeklammert wurden daher „Knobelaufgaben", bei denen die Lösung nach vielen vergeblichen (und leicht frustrierenden!) Versuchen erst durch einen besonderen Einfall („Trick") gelingt.

4. Die Spiele verlangen in der Regel, eine Folge zielgerichteter Operationen zu finden und sich diese immer besser einzuprägen. Eine einmal gefundene oder abgeschaute Lösung sollte nicht ohne weiteres reproduzierbar sein, sodass die Kinder ***zum wiederholten Spielen*** (und Denken!) angeregt werden, wie es dem Wesen eines jeden guten Spiels entspricht. Von Mal zu Mal sollten für die Kinder Fortschritte spürbar sein, die sie motivieren, sich bis zur guten Beherrschung des Spiels zu steigern.

5. Damit beim gemeinsamen Spielen keine ungute Rivalität aufkommt, wurden ***Spiele mit Wettbewerbscharakter*** vermieden. Die meisten Spiele sind daher Spiele für einen einzigen Spieler bzw. für eine einzige Partei. Einige wenige Spiele sind zwar strategische Zwei-Personen-Spiele, aber solche, bei denen jeder Spieler „Patt" erzielen kann. Ein Spieler verliert also nur, wenn er nicht aufpasst, nicht weil ihm der andere Spieler überlegen ist.

6. Die Spiele sollten ***materialbezogen*** sein, also „Denkhandlungen" erlauben, damit die Spielzüge leicht verfolgt, überdacht, korrigiert und besprochen werden können.

Zur Einführung der Spiele

Der pädagogische Wert jedes Denkspiels kann am besten eingeschätzt werden, indem man es selbst spielt bzw. sich selbst an ihm versucht.
Jedes Spiel ist auf dem Spielplan kurz beschrieben. Diese Spielanleitung reicht für die Kinder aber meist nicht aus, um die Regeln unmissverständlich zu erschließen. Sie soll nur als Gedächtnisstütze dienen, nachdem das Spiel vorgemacht und erklärt worden ist. Im nächsten Abschnitt werden die Spiele mit den Regeln ausführlich erläutert, sodass Lehrer, Eltern, andere Erwachsene oder ältere Kinder die Regeln nachlesen und dann erklären können.
Zunächst sollten die Kinder lediglich in das Spielfeld, das Spielmaterial und die Regeln eingeführt werden. Sie können sich dann in Freizeit oder im Rahmen der Freiarbeit selbstständig damit beschäftigen und ihre

Erfahrungen zunächst unter sich austauschen. Von Zeit zu Zeit kann man sie nach ihren Erfahrungen befragen.
Der nächste Abschnitt enthält außer den Spielbeschreibungen auch Hinweise zur Lösung. Diese Hinweise sollten möglichst erst dann gelesen werden, wenn man selbst die Lösung gefunden hat. ***Den Kindern gegenüber sollten die Lösungshinweise zurückgehalten werden***, da sonst die Freude an der eigenen Anstrengung und am eigenen Erfolg genommen und damit der Zweck der Denkschule untergraben würde. Allenfalls sollten die Lösungshinweise herangezogen werden um einzuschätzen, wie weit die Kinder schon gekommen sind, und um ggf. kleine Tipps für die Weiterarbeit zu geben, falls auch nach längerer Beschäftigung kein Fortschritt erzielt worden ist.

Hinweise zu den einzelnen Spielen

Zur besseren Verständigung werden die Spiele für das Folgende außer mit ihrem Namen durch einen „Zahlen-Code" gekennzeichnet, der schon in Teil 1 verwendet wurde: Die erste Ziffer bezeichnet die Stufe, die zweite die Nummer innerhalb der Stufe. In Klammern ist der Typ angegeben.

3. Die Denkspiele der Stufe 3

(ab 8 Jahren)

Hierzu gehören folgende Spiele:

3.1 „Froschhüpfen" (Platzwechsel)
3.2 „Versteckte Farben" (Gedächtnisspiel)
3.3 „Spring im Dreieck" (Solitärspiel)
3.4 „Kleine Mühle" (Strategiespiel)
3.5 „Gut geordnet" (Anordnungsspiel)
3.6 „Pentomino" (Legespiel)
3.7 „Umfüllen" (Umordnungsspiel)
3.8 „Paare verschieben" (Münzenspiel)
3.9 „Türme bauen" (Verlagerungsspiel)
3.10 „Forscher und Goldsucher" (Überfahrtsspiel)

3.1 „Froschhüpfen"

(Spielpläne S. 1, 2)

Froschhüpfen 1

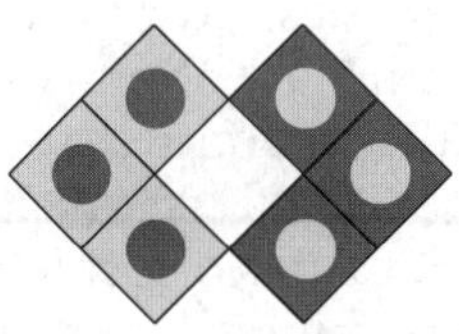

Froschhüpfen 2

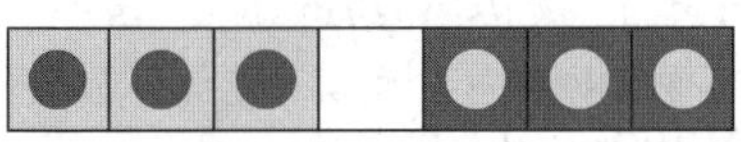

rote Felder — rote Plättchen

blaue Felder — blaue Plättchen

Spielregeln

Das mittlere Feld der beiden Spielpläne mit 7 Quadraten ist jeweils frei, die drei Felder links sind rot, die drei Felder rechts blau gefärbt. Zu Beginn werden auf die blauen Felder rote Steine („Frösche") gelegt, auf die roten Felder blaue.

Die roten und die blauen Frösche sollen in möglichst wenigen Zügen die Plätze tauschen, d.h. die roten Frösche sollen auf die roten Plätze, die blauen Frösche auf die blauen Plätze gelangen.
Bei jedem Zug darf einer der Frösche entweder auf ein freies Nachbarfeld rücken oder einen Nachbarfrosch überspringen, wenn das dahinter liegende Feld frei ist. (Der übersprungene Frosch wird anders als bei den Solitärspielen nicht entfernt.)
Lösungshinweise: Optimale Lösungen beim ersten Spielfeld benötigen 15 Züge.
Beispiel (Abb. 1): 3 auf 4 schieben, mit 5 nach 3 springen, 4 nach 5 schieben, 7 nach 4, 6 nach 7, 5 nach 6, 4 nach 5, 1 nach 4, 2 nach 1, 3 nach 2 schieben, mit 5 nach 3 springen, 4 nach 5 und 1 nach 4 schieben, mit 7 nach 1 springen, schließlich 4 nach 7 schieben.

Abb. 1

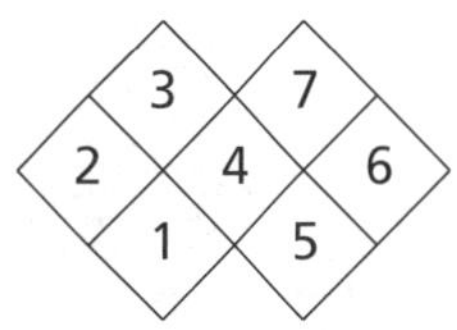

Dass mindestens 15 Züge nötig sind, ergibt sich aus folgender Überlegung: Die roten Frösche müssen bei ihrem Platzwechsel in der Summe 8 Felder überwinden, die blauen ebenfalls. Mindestens einmal muss aber ein Frosch zwischendurch vom mittleren Feld um ein Feld zurückgesetzt werden (im obigen Beispiel ist es der 7. Zug „4 nach 5"), um Platz für einen Sprung zu machen, sodass insgesamt $8+8+2=18$ Felder überwunden werden müssen. Pro Pärchen rot/blau ist für den Seitenwechsel genau ein Sprung nötig, bei dem 2 Felder überwunden werden. Da es 3 Pärchen gibt, können 6 Felder durch 3 Sprünge überwunden werden. Für die 12 restlichen Felder benötigt man 12 Schiebungen.
Analog sieht man noch etwas leichter ein, dass auch beim zweiten Spielfeld 15 Züge optimal sind: Bis zum vollständigen Platzwechsel muss jedes Plättchen insgesamt 4 Felder überwinden, alle Plättchen zusammen also $6 \cdot 4=24$. Es sind aber $3 \cdot 3=9$ Sprünge nötig, da jedes rote Plättchen jedes blaue Plättchen irgendwann überspringen muss bzw. von ihm übersprungen wird. Jeder Sprung befördert ein Plättchen 2 Felder weiter. An der Gesamtzahl 24 der zu überwindenden Felder haben also die 9 Sprünge einen Anteil von $9 \cdot 2=18$. Der Rest $24-18=6$ muss von Verschiebungen auf ein Nachbarfeld herrühren. 9 Sprünge und 6 Verschiebungen sind aber zusammen $9+6=15$ Züge.
Eine optimale Lösung ist in Abb. 2 dargestellt.

Abb. 2

○	○	○		●	●	●	
○	○		○	●	●	●	Verschiebung
○	○	●	○		●	●	Sprung
○	○	●	○	●		●	Verschiebung
○	○	●		●	○	●	Sprung
○		●	○	●	○	●	Sprung
	○	●	○	●	○	●	Verschiebung
●	○		○	●	○	●	Sprung
●	○	●	○		○	●	Sprung
●	○	●	○	●	○		Sprung
●	○	●	○	●		○	Verschiebung
●	○	●		●	○	○	Sprung
●		●	○	●	○	○	Sprung
●	●		○	●	○	○	Verschiebung
●	●	●	○		○	○	Sprung
●	●	●		○	○	○	Verschiebung

3.2 „Versteckte Farben"

(Spielplan S. 3)

Spielplan

	A	B	Antwort
1			
2			
3			
4			
5			
6			
7			

Merkzettel

A	B

Spielregeln

Man benötigt 3 Farbstifte, z.B. in den Farben rot (r), blau (b), gelb (g), einen Bleistift, eine Anzahl von Spielplänen und mehrere Merkzettel.

Der Spielleiter wählt eine erste Farbe A und eine zweite Farbe B aus – A und B dürfen auch gleich sein – und markiert damit die beiden Felder des Merkzettels, ***ohne dass der Spieler („Kandidat") es sehen kann.*** Der Merkzettel wird dann verdeckt zur Seite gelegt. Nur der Spielleiter darf sich zwischendurch vergewissern, welche Farbverteilung er gewählt hat. Aufgabe des Kandidaten ist es nämlich, in möglichst wenigen Versuchen herauszufinden, wie der Spielleiter die Farben A und B festgelegt hat. Der Kandidat wählt dabei Versuch für Versuch zwei Farben und markiert sie im Spielplan unter A und B. Der Spielleiter gibt zu jedem Versuch folgende Informationen: Sind beide Farben richtig gewählt und am richtigen Platz, so schreibt er mit dem Bleistift in das ***Antwortfeld*** zwei Kreuze (XX). Der Kandidat hat dann die Lösung gefunden und der Merkzettel wird zur Bestätigung der Lösung aufgedeckt. Ist nur eine Farbe richtig und befindet sie sich am richtigen Platz, dann wird im Antwortfeld ein einziges Kreuz (X) notiert. Wurden beide Farben richtig gewählt, stehen aber auf falschen Plätzen, werden zwei Kreise notiert (○○). Ist nur eine Farbe richtig gewählt, steht aber auf dem falschen Platz, dann wird ein einziger Kreis (○) in das Antwortfeld geschrieben.

Wenn keine Farbe richtig gewählt wurde, bleibt das Antwortfeld leer.

Der Vollständigkeit halber sei angemerkt, dass im Antwortfeld die Kombination X○ nicht auftreten kann. Dies würde ja bedeuten, dass zwei Farben richtig gewählt wurden und eine davon am richtigen Platz steht. Die zweite Farbe steht aber dann ganz automatisch auch am richtigen Platz. Die richtige Notation wäre dann: XX.

Der Kandidat kommt umso schneller an das Ziel, je geschickter er seine jeweils nächste Vermutung an die Antwortinformationen anpasst. Aus bestimmten Antworten kann man die Farbverteilung sogar sofort ableiten. Zwei Kreise zeigen z.B. an, dass die zwei Farben richtig gewählt wurden, nur noch nicht auf dem richtigen Platz stehen. Man braucht daher nur die Reihenfolge zu vertauschen und ist fertig.

Lösungshinweise: Es gibt $3 \cdot 3 = 9$ Möglichkeiten für A und B Farben zu wählen: (r,r), (r,b), (r,g), (b,r), (b,b), (b,g), (g,r), (g,b), (g,g).

Die folgende Überlegung zeigt, dass 4 Versuche ***immer*** genügen:

Man beginnt mit (r,r). Wenn die Antwort auf diesen 1. Versuch zwei Kreuze sind, hat man die Farben schon erraten. Wenn nur ein einziges Kreuz erscheint, weiß man, dass „rot" vorkommt, weiß aber nicht, auf welchem Platz. Wenn das Antwortfeld bei 1 leer bleibt, heißt das, dass „rot" nicht vorkommt.

Für einen eventuell fälligen zweiten Versuch wählt man (b,b). Aus der Antwort ist jeweils zu schließen, ob „blau" zweimal, einmal oder gar nicht vorkommt. Nach zwei Versuchen weiß man also, welche Farben auftreten. Falls die beiden Farben verschieden sind, braucht man weitere Versuche, um die Reihenfolge festzulegen. Erscheinen beim dritten Versuch zwei Kreuze, dann hat man die versteckten Farben ermittelt. Wenn zwei Kreise erscheinen, braucht man eine vierte Zeile, in der man die Reihenfolge umdreht, welche dann die Lösung ist.

Wenn der Spieler seine einzelnen Versuche weder blind noch schematisch wählt, sondern ***sich an den Antworten auf die vorhergehenden Versuche*** orientiert, kann er sogar erreichen, dass ***spätestens nach 3 Versuchen*** zwei Kreuze erscheinen und die Farben A, B damit identifiziert sind. Dies folgt aus einer systematischen Analyse des Spiels, die im Rahmen dieser Denkschule allerdings zu weit führen würde.

Wie bei allen Denkspielen kommt es auch hier überhaupt nicht auf optimale Lösungen an: Die Spieler können so viele Versuche machen, wie sie wollen. Im Laufe der Zeit lernen sie im gemeinsamen Spiel, immer weniger zu raten, stattdessen mehr zu überlegen, die Informationen aus den Antworten immer effektiver zu nutzen und mit immer weniger Versuchen auszukommen. In der Schulung des geschickten Probierens liegt, wie immer wieder betont wurde, der Sinn der Denkschule.

3.3 „Spring im Dreieck"

(Spielplan S. 4)

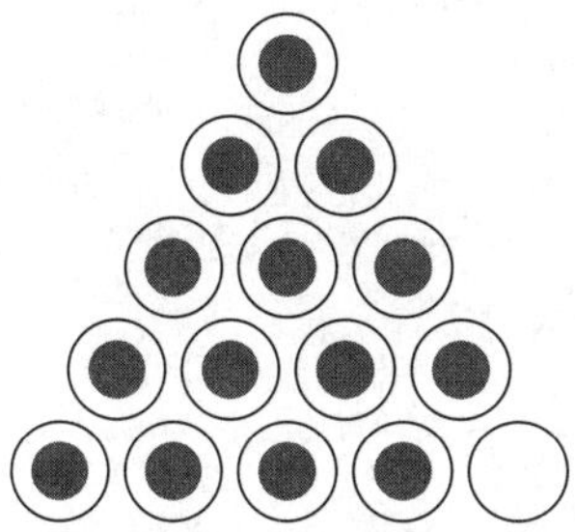

Spielregeln

14 Steine werden so auf die Felder eines Dreiecksmusters gelegt, dass eine Ecke frei bleibt. Es gilt die übliche Regel für Solitärspiele: Ein Stein darf einen anderen geradlinig überspringen, wenn das dahinter liegende Feld frei ist. Der übersprungene Stein wird entfernt.

Das Ziel besteht darin, möglichst viele Steine „abzuräumen". Optimal ist es, am Schluss nur noch einen Stein auf dem Spielfeld zu haben; aber auch wenn 2 übrig bleiben, ist das schon eine Leistung. Man kann die Notenskala benutzen, um eine „Lösung" zu bewerten: 4 Steine übrig zu lassen, ist „ausreichend", 3 „befriedigend", 2 „gut", 1 „sehr gut" und 1 in der Mitte ist eine „Eins mit Stern".

Eine „Eins-mit-Stern-Lösung" lautet unter Verwendung der Platznummerierung in Abb. 3 folgendermaßen:

Zug			Entfernter Stein
13	auf	15	14
6	auf	13	9
12	auf	14	13
15	auf	13	14
7	auf	9	8
2	auf	7	4
11	auf	4	7
1	auf	6	3
10	auf	3	6
4	auf	6	5
3	auf	10	6
10	auf	8	9
13	auf	4	8

Abb. 3

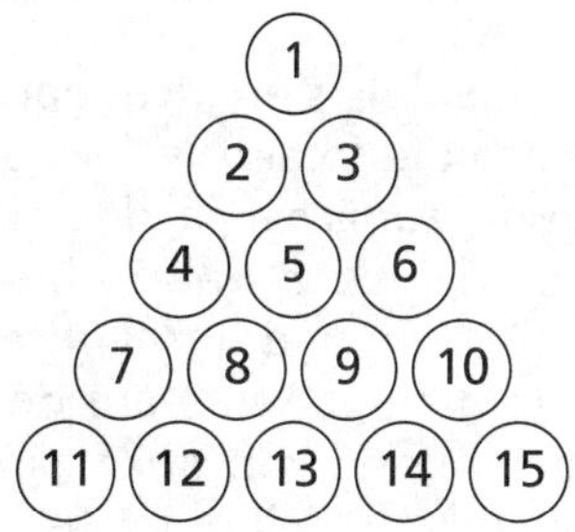

3.4 „Kleine Mühle"

(Spielplan S. 5)

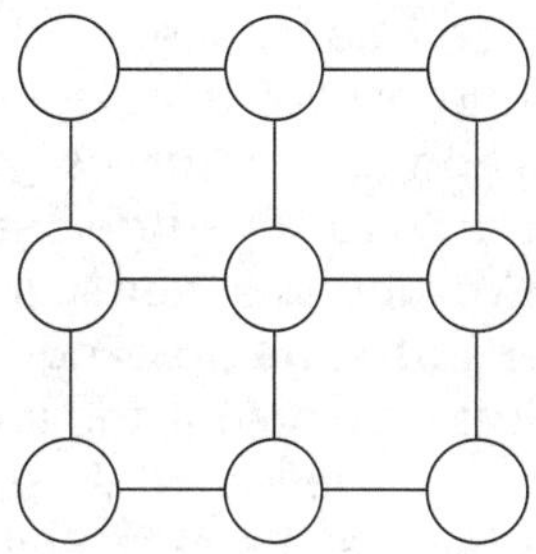

Spielregeln

Der eine Spieler hat zu Beginn 3 rote, der andere 3 blaue Steine. Die Spieler einigen sich, wer beginnt und setzen dann abwechselnd je einen Stein auf einen freien Knotenpunkt der Mühlefigur. Der Spieler, dem es gelingt, seine 3 Steine in einer geraden Linie (Zeile, Spalte, Diagonale) zu platzieren, hat gewonnen. Wenn dies beim Legen der 6 Steine nicht gelingt, ziehen die Spieler abwechselnd einen ihrer Steine längs einer Kante auf ein freies Nachbarfeld, um auf diese Weise eine „Mühle", d.h. 3 Steine in einer Zeile, Spalte oder Diagonalen zu erzielen.

Der Reiz dieses unscheinbar wirkenden Spiels, das aber eine überraschende Vielfalt von Spielpositionen beinhaltet, liegt darin, dass jeder Spieler nicht nur im Auge haben muss, wie er selbst zu einer „Mühle" kommt, sondern genauso darauf achten muss, eine „Mühle" seines Mitspielers zu verhindern. Wer hier auch nur einen Augenblick unaufmerksam ist, hat schnell verloren.

3.5 „Gut geordnet"

(Spielplan S. 6)

Benötigt werden Zahlenkarten von 1 bis 8.

Spielregeln

Die Regeln dieses Spiels sind nicht ganz einfach. Daher empfiehlt sich die folgende Vorübung: Die Zahlenkarten werden zunächst so der Größe nach geordnet, dass man in der Hand einen Stapel von Karten mit der 1 oben und der 8 unten hält. Dieser Stapel wird nun in einer Reihe auf dem Tisch abgelegt, indem fortlaufend von oben eine Karte weggenommen und abwechselnd

a) auf den Tisch gelegt,

b) unten an den Stapel angefügt wird.

Kurz: „Auflegen – nach unten – auflegen – nach unten" usw.

Auf dem Tisch ergibt sich dann folgende Reihenfolge:

1 3 5 7 2 6 4 8.

Die Karten werden dann wieder der Größe nach eingesammelt und erneut der Regel entsprechend aufgelegt, aber es muss ***vorhergesagt werden,*** welche Zahl jeweils als nächste aufgelegt wird.

Erst wenn diese Vorübung beherrscht wird, sollte die ***eigentliche Denkaufgabe*** in Angriff genommen werden: Wie muss man die Karten anordnen, damit bei dem oben beschriebenem Auslegen auf dem Tisch nicht die „falsche" Reihenfolge 1, 3, 5, 7, 2, 6, 4, 8, sondern die „normale" Reihenfolge 1, 2, 3, 4, 5, 6, 7, 8 entsteht?

Durch ***Versuch und Irrtum*** findet man folgende Ausgangslage der Karten im Stapel: 1 (oben), 5, 2, 7, 3, 6, 4, 8 (unten).

Es gibt aber auch gezieltere Lösungsstrategien:

1. Wenn man die Karten 1 bis 8 in der normalen Anordnung wie beschrieben („auflegen – nach unten") auflegt, entsteht die Reihenfolge 1, 3, 5, 7, 2, 6, 4, 8. Also muss man, wenn man hier die richtige Reihenfolge haben will, die Karten im Stapel folgendermaßen anordnen:

   1 an die 1. Stelle: 1, __, __, __, __, __, __, __
   2 an die 3. Stelle: 1, __, 2, __, __, __, __, __
   3 an die 5. Stelle: 1, __, 2, __, 3, __, __, __
   4 an die 7. Stelle: 1, __, 2, __, 3, __, 4, __
   5 an die 2. Stelle: 1, 5, 2, __, 3, __, 4, __
   6 an die 6. Stelle: 1, 5, 2, __, 3, 6, 4, __
   7 an die 4. Stelle: 1, 5, 2, 7, 3, 6, 4, __
   8 an die 8. Stelle: 1, 5, 2, 7, 3, 6, 4, 8.

2. Man legt die 8 Karten in der gewünschten Endlage auf den Tisch und überlegt sich, wie diese Reihenfolge bei Anwendung der Regel zustande gekommen sein muss. Man sieht zuerst, dass 1, 2, 3, 4 an jeder zweiten Stelle des Stapels liegen müssen:
   1, __, 2, __, 3, __, 4, __.
   Die zweite Karte das Stapels wird als erste nach unten gelegt und nach Ablage von 1, 2, 3, 4 als erste aufgelegt. Folglich muss es die 5 sein. Analog muss 6 die sechste Karte des Stapels werden:
   1, 5, 2, __, 3, 6, 4, __.
   Nun sind nur noch 7 und 8 übrig. 8 muss an letzter Stelle eingefügt werden, weil die letzte der acht Karten auch als letzte aufgelegt wird. Vorher wird sie nämlich immer nach unten gelegt. Damit hat man folgende Reihenfolge für den Ausgangsstapel:

   1, 5, 2, 7, 3, 6, 4, 8.

3. Auch anhand der „falschen Reihe" der Vorübung kann man sich die „richtige" Reihenfolge überlegen: Da die 7 auf dem 4. Platz landet, muss die 7. Karte ***jedes*** Stapels auf dem 4. Platz landen, d.h. die 4 muss als 7. Karte gewählt werden. Analog landet die 5. Karte auf dem 3. Platz. Also muss die 3 an die 5. Stelle usw.

Diese drei und weitere Strategien lassen sich auch mischen. Wichtig ist, dass jede Überlegung sofort durch Nachprobieren auf ihre Richtigkeit hin überprüft werden kann.

3.6 „Pentomino"

(Spielpläne S. 7, 8)

Benötigt werden hierzu die 12 verschiedenen Quadrat-Fünflinge (Pentominos) in der Beilage. Für ihre Herstellung wurde $\sqrt{2}\,\text{cm} = 1{,}4\,\text{cm}$ als Maß für die Kantenlänge des Einheitsquadrats gewählt.

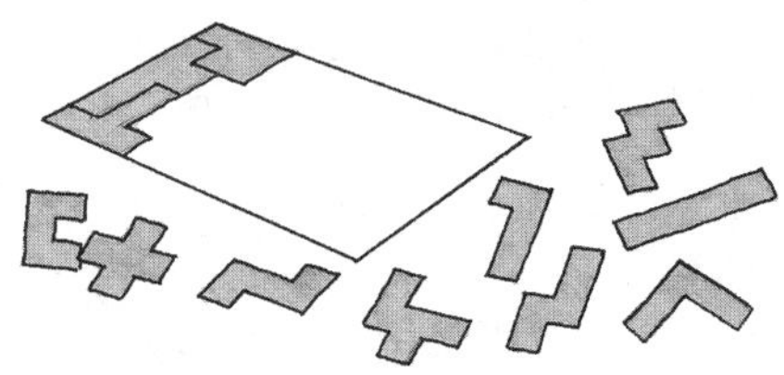

Spielregeln

Die 12 Pentominos haben zusammen einen Flächeninhalt von $5 \cdot 12 = 60$ Einheitsquadraten. Jeder der drei Spielpläne zeigt eine Figur mit dem Flächeninhalt von 60 Einheitsquadraten: ein $8 \cdot 8$-Quadrat ohne die vier Eckquadrate ($8 \cdot 8 - 4 = 60$), ein $8 \cdot 8$-Quadrat ohne die 4 innersten Quadrate sowie ein $6 \cdot 10$-Rechteck. Aufgabe ist es, jede dieser drei Figuren mit den 12 Pentominos lückenlos und überschneidungsfrei auszulegen.

Obwohl es viele Lösungen gibt (für die dritte Figur z.B. 2339), ist es nicht ganz einfach, Lösungen zu finden. Die Spielregel wurde daher bewusst so formuliert, dass auch „Fast-Lösungen" positiv zu bewerten sind, bei denen ein oder zwei Lücken und eine entsprechende Zahl von Überschneidungen bzw. Randüberschreitungen vorkommen. Die Anzahl der Lücken kann man wieder als Bewertung nehmen: „2 Lücken" bedeutet „gut", „1 Lücke" „sehr gut" und die volle Lösung „Eins mit Stern".

Die Höchstnote ist bei den zwei ersten Figuren leichter zu erzielen als bei der dritten.
Lösungen für das „Angeknabberte Quadrat“, für das „Quadrat mit Fenster“ und für das „Rechteck“ finden sich in den Abb. 4, 5, 6.

Abb. 4 Angeknabbertes Quadrat

Abb. 5 Quadrat mit Fenster

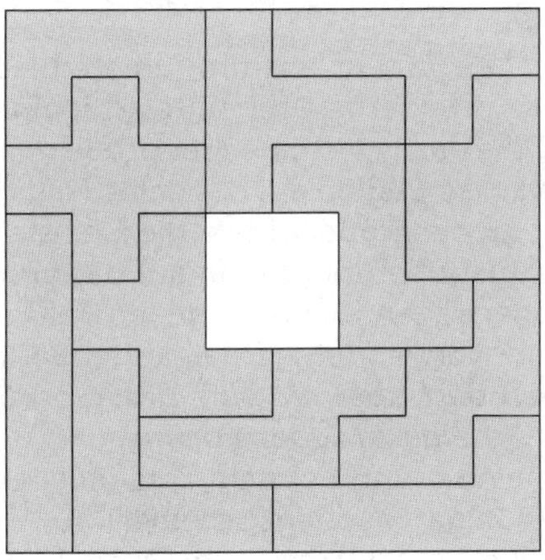

Abb. 6 Rechteck

3.7 „Umfüllen“

(Spielplan S. 9)

Benötigt werden hierzu Plättchen als Symbole für je 1 Liter Milch.

Spielregeln

Der Spielplan besteht aus drei Milchgefäßen mit 8 Litern, 5 Litern bzw. 3 Litern Inhalt (angedeutet durch Plättchen). Das große Gefäß ist zu Beginn mit 8 Litern ganz gefüllt.
Ziel ist es, die Plättchen so umzufüllen, dass sich am Schluss in der 8-Liter-Kanne und der 5-Liter-Kanne genau 4 Liter (Plättchen) befinden.
Es darf immer nur so umgefüllt werden, dass

- die Kanne, in die umgefüllt wird, ganz voll wird oder
- die Kanne, aus der Milch herausgenommen wird, ganz leer wird
- oder beides.

In jedem dieser Fälle weiß man, ohne weitere Hilfsmittel zu benötigen, nach jeder Umfüllung ***genau,*** wie viele Liter sich in welchem Gefäß befinden.
Beispiel für eine Lösung: Man gießt von der 8-Liter-Kanne 5 Liter in die 5er-Kanne und von da aus 3 Liter in die 3er-Kanne. Dann verbleiben in der 8er-Kanne 3 Liter, in der 5er-Kanne 2 Liter. Nun wird die 3er-Kanne in die 8er-Kanne umgefüllt, die 2 Liter der 5er-Kanne in die (jetzt leere) 3er-Kanne. Es befinden sich dann 6 Liter in der 8er- und 2 in der 3er-Kanne. Im nächsten Schritt wird die leere 5er-Kanne auf Kosten des Inhalts der 8er-Kanne gefüllt und mit der 5er-Kanne wird die 3er-Kanne von 2 Litern auf 3 Liter gefüllt. In der 5er-Kanne bleiben dann 4 Liter zurück. Schließlich braucht man nur noch die volle 3er-Kanne in die 8er-Kanne zu gießen, in der sich 1 Liter befindet, und hat dann auch in der 8er-Kanne 4 Liter. Für eine schematische Darstellung der Lösung vgl. Abb. 7.

Abb. 7

Große Kanne	8	3	3	6	6	1	1	4
Mittlere Kanne	0	5	2	2	0	5	4	4
Kleine Kanne	0	0	3	0	2	2	3	0

3.8 „Paare verschieben"

(Spielplan S. 10)

Das Spiel ist eine Erweiterung des Münzspiels „Paare verschieben" der Stufe 2 der Denkschule. Es werden 8 Wendeplättchen (oder je 4 Münzen zweier verschiedener Sorten, z.B. vier 1-Pf-Münzen und vier 5-Pf-Münzen) benötigt.

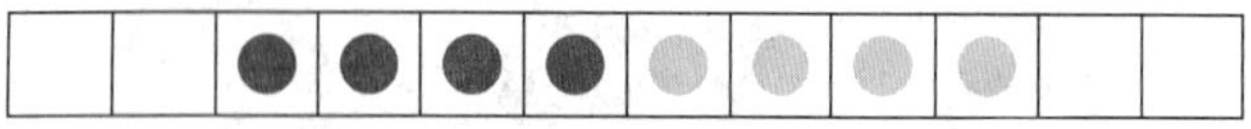

Spielregeln

Die Plättchen (Münzen) liegen zu Beginn so in der Mitte des Spielplans, dass 4 Plättchen einer Farbe (bzw. Münzen einer Sorte) links, 4 Plättchen der anderen Farbe (bzw. Münzen der anderen Sorte) rechts liegen. Außen sind jeweils zwei Felder frei.

Ein Spielzug besteht darin, ein ***Paar*** von (gleichen oder verschiedenen) Plättchen ***in Nachbarfeldern*** auf zwei ***freie Nachbarfelder*** zu verlagern, ohne dass die Reihenfolge dieser Plättchen verändert wird. Das ***linke*** Plättchen eines Paares muss aber auch in der neuen Position ***links*** vom Partner liegen. Dabei darf bei jedem Zug vorübergehend das Spielfeld verlassen werden.

Ziel ist es, eine Endposition zu erreichen, bei der die Plättchen wieder lückenlos ***nebeneinander*** liegen, jedoch mit ***abwechselnden*** Farben (bzw. bei den Münzen mit abwechselnden Sorten).

Die optimale Lösung kommt mit 5 Zügen aus (Abb. 8).

Abb. 8

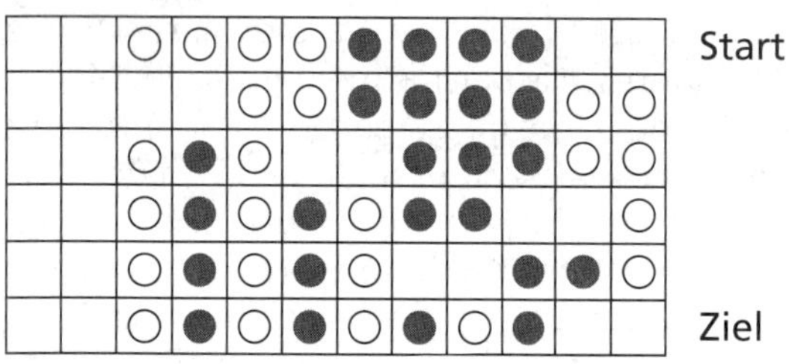

Natürlich kann das Spiel auch in der umgekehrten Richtung gespielt werden, von der „bunten Reihe" zu der getrennten Lage der roten und blauen Plättchen.

3.9 „Türme bauen"

(Spielpläne S. 11, 12)

Dieses Spiel ist in der Theorie der mathematischen Spiele als „Turm von Hanoi" bekannt. Statt der aufwendigen gelochten Holzscheiben, die auf Stangen aufzustecken sind, werden hier Pappscheiben verwendet (s. Beilage).

Türme bauen 1

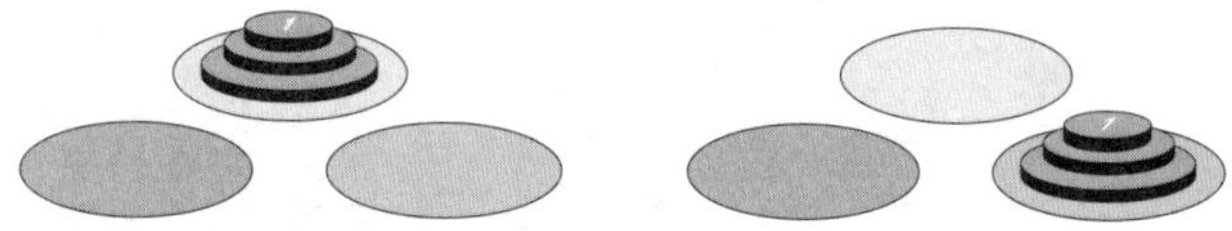

Türme bauen 2

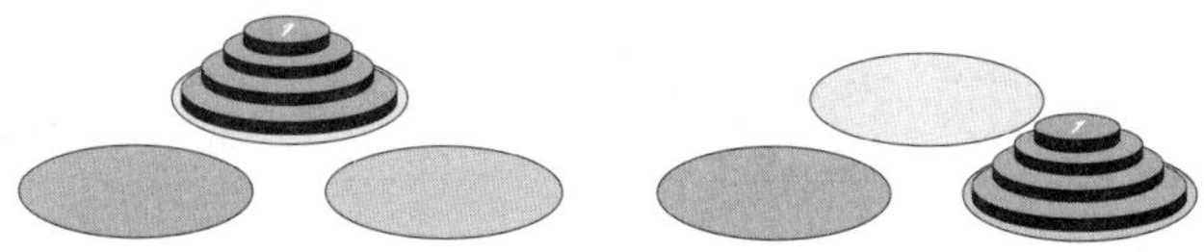

Spielregeln

Der Spielplan besteht aus drei unterschiedlich gefärbten Kreisfeldern. Drei unterschiedlich große Scheiben, die nach aufsteigender Größe nummeriert sind, werden zu Beginn auf das gelbe Feld des Spielplans gelegt: die größte unten, die kleinste oben.

Ziel ist es, dieselbe Anordnung auf das grüne Kreisfeld zu übertragen, wobei das rote Feld als „Zwischenlager" verwendet werden kann. ***Bei den Umlagerungen darf aber nie eine größere über einer kleineren Scheibe zu liegen kommen.***

Die optimale Lösung bei dem Spiel mit 3 Scheiben benötigt 7 Züge: Man legt Scheibe 1 auf das grüne Feld, Scheibe 2 auf das rote Feld, Scheibe 1 auf Scheibe 2 (was erlaubt ist). Jetzt ist Scheibe 3 „frei" und kann in die gewünschte Endposition auf dem grünen Feld überführt werden. Danach wird Scheibe 1 auf das gelbe Feld, Scheibe 2 auf 3 und schließlich Scheibe 1 auf 2 gelegt.

Bei dem zweiten Spiel mit 4 Scheiben braucht man mindestens 15 Züge: Zunächst wird die unterste Scheibe 4 gar nicht beachtet. Der darüber befindliche Dreierturm wird wie oben beschrieben auf das rote Feld übertragen, wobei das grüne Feld als Zwischenlager verwendet wird. Jetzt ist die unterste Scheibe 4 „befreit" und kann in ihre Endposition auf dem grünen Feld übertragen werden. Nach dem Verfahren für 3 Scheiben wird nun (mit dem gelben Feld als Zwischenlager) der Dreierturm vom roten Feld auf das grüne übertragen, wo die Scheibe 4 schon liegt (und beim Umlegen nicht mehr stört).

3.10 „Forscher und Goldsucher"

(Spielplan S. 13)

Auf 7 Spielkärtchen gezeichnet sind drei Forscher und drei Goldsucher sowie ein Boot (s. Beilage).

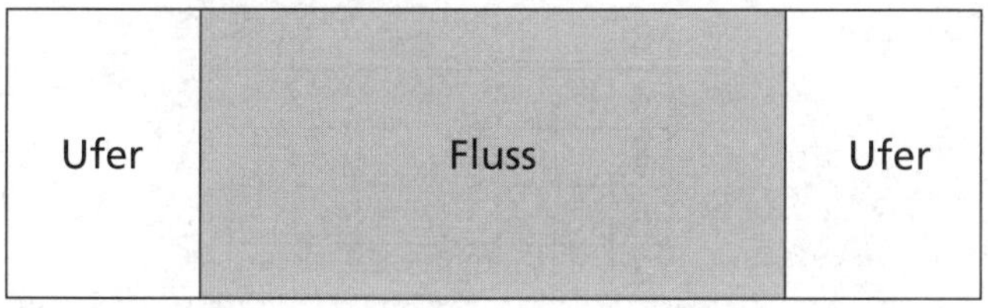

Spielregeln

Analog zu den entsprechenden Überfahrtsspielen der Stufen 1 und 2 zeigt der Spielplan einen Fluss mit zwei Ufern. Die Regeln für die Überfahrt ergeben sich aus folgender Geschichte: Drei Forscher (F) haben sich im Urwald verirrt. Nach mehreren Tagen treffen sie zufällig auf drei Goldsucher (G), die am Ufer eines Flusses ihr Lager aufgeschlagen haben. Die Goldsucher haben beschlossen, auf das andere Ufer des Flusses zu wechseln und sind bereit, die Forscher in ihrem Boot mitzunehmen. Da aber die Goldsucher etwas wild aussehen und sich in einer für die Forscher unverständlichen Sprache unterhalten, sind die Forscher etwas unsicher, ob sie den Burschen trauen können. Als sich zudem herausstellt, dass in das kleine Boot ***höchstens zwei Personen*** passen, wird es den Forschern erst recht mulmig: Wenn zwei von ihnen mit dem Boot übersetzen und einer das Boot wieder zurückbringt, müsste der dritte Forscher ***alleine*** bei den drei Burschen zurückbleiben. Wenn ein Goldsucher mit einem Forscher übersetzt und der Goldsucher mit dem Boot zurückkommt, stünden ***drei*** Goldsucher gegen ***zwei*** Forscher. Auch das ist den Forschern nicht geheuer.

Mit dieser Geschichte ist die Denkaufgabe motiviert: Wie müssen die Forscher (F) und Goldsucher (G) übersetzen, sodass die Forscher ***niemals in der Unterzahl*** sind? Die Unterzahl darf weder auf dem einen noch auf dem anderen Ufer und auch nicht bei einer Landung eintreten.

Eine Lösung ist in Abb. 9 dargestellt.

Abb. 9

Linkes Ufer	Fluss	Rechtes Ufer
FFF GGG		
	Ein Forscher und ein Goldsucher setzen über. →	
FF GG		F G
	Der Forscher bringt das Boot zurück. ←	
FFF GG		G
	Zwei Goldsucher setzen über. →	
FFF		GGG
	Ein Goldsucher bringt das Boot zurück. ←	
FFF G		GG
	Zwei Forscher setzen über. →	
F G		FF GG
	Ein Forscher und ein Goldsucher bringen das Boot zurück. ←	
FF GG		F G
	Zwei Forscher setzen über. →	
GG		FFF G
	Der Goldsucher bringt das Boot zurück. ←	
GGG		FFF
	Zwei Goldsucher setzen über. →	
G		FFF GG
	Ein Goldsucher bringt das Boot zurück. ←	
GG		FFF G
	Die beiden Goldsucher setzen über. →	
		FFF GGG

4. Die Denkspiele der Stufe 4

(ab 9 Jahren)

Hierzu gehören folgende Spiele:

4.1 „Froschhüpfen“ (Platzwechsel)
4.2 „Versteckte Farben“ (Gedächtnisspiel)
4.3 „Spring im Quadrat“ (Solitärspiel)
4.4 „Afrikanische Mühle“ (Strategiespiel)
4.5 „Gut geordnet“ (Anordnungsspiel)
4.6 „Quadromino“ (Legespiel)
4.7 „Umfüllen“ (Umordnungsspiel)
4.8 „Paare verschieben“ (Münzenspiel)
4.9 „Türme bauen“ (Verlagerungsspiel)
4.10 „Eifersüchtige Freunde“ (Überfahrtsspiel)

4.1 „Froschhüpfen“

(Spielpläne S. 15, 16)

Froschhüpfen 1

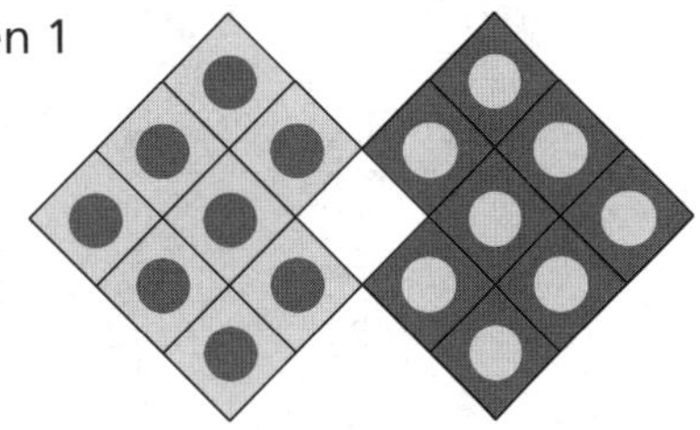

Froschhüpfen 2

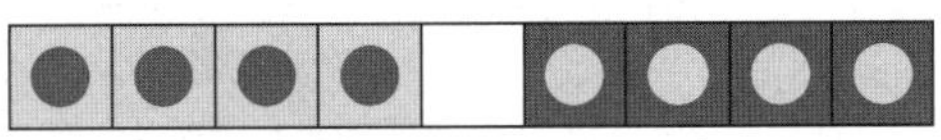

rote Felder — rote Plättchen

blaue Felder — blaue Plättchen

Spielregeln

Dieses Spiel ist eine unmittelbare Fortsetzung des gleichnamigen Denkspiels 3.1 und folgt den gleichen Regeln. Nur wird es mit mehr Steinen (Fröschen) gespielt.

Lösungshinweise: Beim ersten Spielplan scheinen 46 Züge minimal zu sein. Beim zweiten Spielplan benötigt man 24 Züge, wie analog zu 3.1 begründet werden kann: Jeder der 8 Frösche muss sich 5 Felder weiterbewegen, d.h. insgesamt müssen von den Fröschen $8 \cdot 5 = 40$ Felder überwunden werden. Jeder rote Frosch muss jeweils über jeden blauen Frosch springen oder von ihm übersprungen werden. Dies erfordert $4 \cdot 4 = 16$ Sprünge, wobei jedesmal 2 Felder, insgesamt also 32 Felder überwunden werden. Somit verbleiben $40 - 32 = 8$ Verschiebungen um je 1 Feld. Insgesamt braucht man also mindestens 16 Sprünge und 8 Verschiebungen, d.h. 24 Züge. Diese Minimalzahl lässt sich auch erreichen.

4.2 „Versteckte Farben“

(Spielplan S. 17)

Spielplan

	A	B	Antwort
1			
2			
3			
4			
5			
6			
7			
8			

Merkzettel

A	B

Spielregeln

Hier handelt es sich um eine Weiterführung des Denkspiels 3.2 mit den gleichen Regeln. Anstelle von 3 Farben werden aber 4 verwendet.

Lösungshinweise: Durch eine systematische Analyse kann man beweisen, dass man mit 4 Versuchen immer auskommt. Es ist aber bereits eine Leistung, wenn nur 5 oder 6 Versuche benötigt werden.

4.3 „Spring im Quadrat“

(Spielplan S. 18)

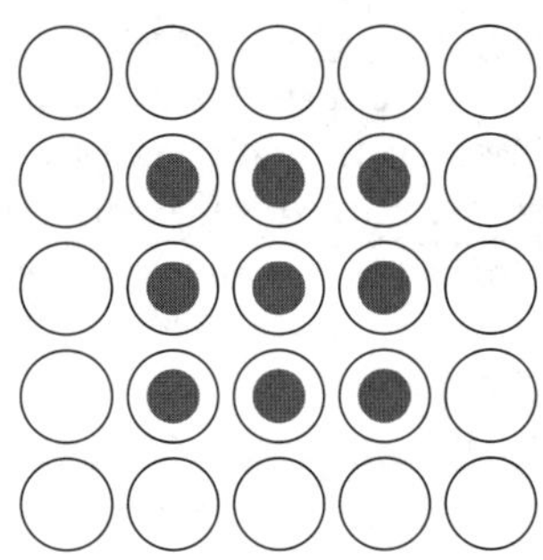

Spielregeln

9 Steine werden auf die 9 inneren Kreisfelder platziert.

Abb. 10
Feldnummern

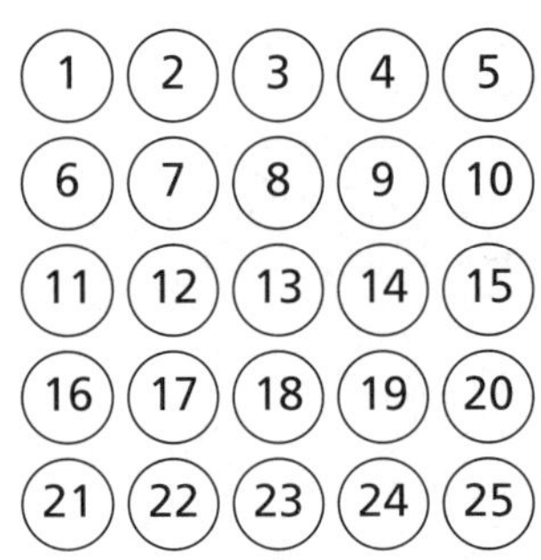

Nach der üblichen Solitärregel darf man mit einem Stein einen benachbarten Stein horizontal, vertikal oder diagonal überspringen, wenn das Feld dahinter frei ist. Der ***über***sprungene Stein wird entfernt. Das Ziel besteht darin, möglichst viele Steine „abzuräumen". Bei geschicktem Spiel schafft man es sogar, dass ein einziger Stein übrig bleibt.
Lösungshinweise: Eine optimale Strategie kann unter Bezug auf die Nummerierung in Abb. 10 folgendermaßen beschrieben werden:

Zug			Entfernter Stein
13	auf	15	14
15	auf	3	9
3	auf	11	7
11	auf	23	17
8	auf	16	12
19	auf	17	18
16	auf	18	17
23	auf	13	18

Bei dieser Zugfolge landet der letzte Stein sogar im mittleren Feld.
Man darf das Spiel keinesfalls auf die Entfernung aller Steine bis auf einen einzigen fixieren. Es ist schon ein Erfolg, wenn die Kinder alle Steine bis auf 3 oder gar 2 abräumen. Nur einen Stein übrig zu lassen, verlangt schon viel Übung und Geschick („Sehr gut"). Es bis auf einen zu schaffen, der am Schluss ***in der Mitte*** liegt, ist sozusagen das Sahnehäubchen für dieses Denkspiel („Eins mit Stern").

4.4 „Afrikanische Mühle"

(Spielplan S. 19)

Das Spiel heißt in Ghana „Achi" und ist in England unter dem Namen „Nine Men's Morris" bekannt.

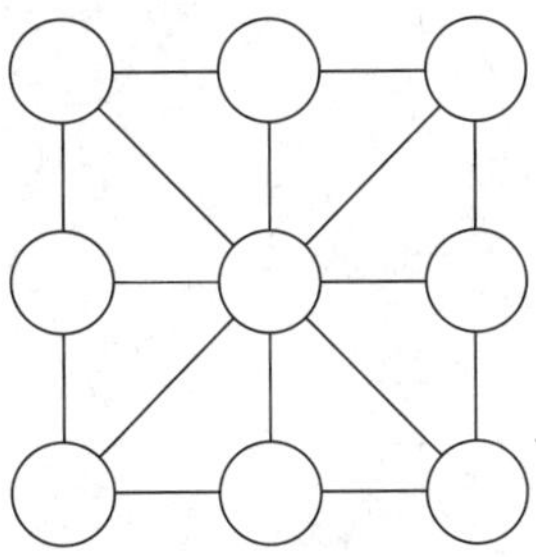

Spielregeln
Der eine Spieler hat zu Beginn 4 rote, der andere 4 blaue Steine. Die Spieler einigen sich, wer anfängt, und setzen dann abwechselnd je einen Stein auf einen freien Knotenpunkt der Mühlefigur.

Der Spieler, dem es gelingt, eine „Mühle" zu erzeugen, d.h. 3 seiner 4 Steine in einer Reihe, Spalte oder Diagonalen zu platzieren, hat gewonnen. Wenn dies beim Legen der 8 Steine nicht gelingt, ziehen die Spieler abwechselnd einen ihrer Steine längs einer Linie auf ein freies Nachbarfeld, um auf diese Weise eine „Mühle" zu erzeugen oder den anderen Spieler festzusetzen, sodass dieser nicht mehr ziehen kann.

4.5 „Gut geordnet"

(Spielplan S. 20)

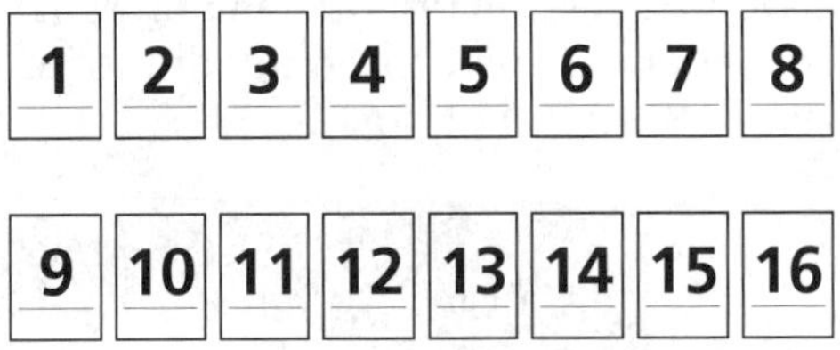

Spielregeln
Dieses Spiel ist eine Fortsetzung des Denkspiels 3.5 und folgt den gleichen Regeln. Anstelle von 8 Zahlenkarten werden jetzt aber 16 verwendet.
Lösungshinweise: Folgende Anordnung der Karten im Stapel liefert die gewünschte Anordnung der Karten auf dem Tisch:

1 (oben), 9, 2, 13, 3, 10, 4, 15, 5, 11, 6, 14, 7, 12, 8, 16.

Zur Lösung führen auch hier die bei 3.5 beschriebenen Strategien.

4.6 „Quadromino"

(Spielpläne S. 21, 22)

Als Spielsteine werden die 24 Quadrominos verwendet (s. Beilage), welche alle kombinatorischen Möglichkeiten erfassen, die vier Teildreiecke eines diagonal zerlegten beweglichen Quadrats mit drei Farben (rot, blau, gelb) zu färben.

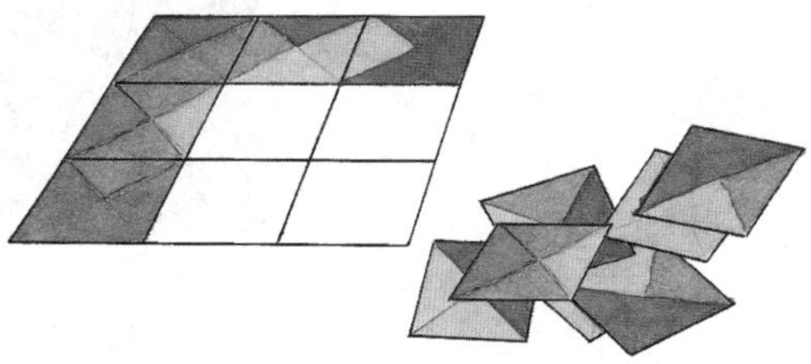

Spielregeln
Mit einigen oder allen Quadrominos sind die quadratischen Felder eines Rechtecks (speziell: eines Quadrats) so auszulegen, dass folgende Bedingungen erfüllt sind:

1. Alle Teildreiecke ***am Rand*** des Spielfelds müssen die gleiche Farbe haben.

2. Benachbarte Teildreiecke verschiedener Spielsteine ***im Innern des Spielfelds*** müssen die gleiche Farbe haben, sodass sie zusammen jeweils ein auf der Spitze stehendes ***einfarbiges*** Quadrat („Karo") bilden.

Wenn man bei der Lösung nur auf die Farben achtet, sieht man eine einheitliche Farbe am Rand und einfarbige Karos.
Durch einiges Probieren findet man ohne allzu große Mühe Lösungen für die beiden quadratischen Spielpläne (vgl. z.B. Abb. 11 und 12).

Abb. 11

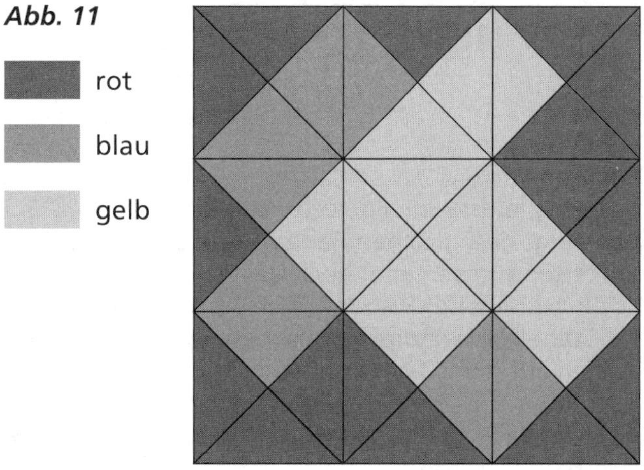

Abb. 12

Etwas schwieriger zu finden sind Lösungen für das $6 \cdot 4$-Spielfeld (vgl. Abb. 13).

Abb. 13

4.7 „Umfüllen"

(Spielplan S. 23)

Spielregeln

Dieses Denkspiel ist eine etwas schwierigere Variante des Denkspiels 3.7 von Stufe 3. Die Milchkannen fassen mit 12, 7 und 5 Litern (Plättchen) mehr als die Kannen in 3.7. Benötigt werden 12 Plättchen als Symbole für je einen Liter Milch.

Lösungshinweise: Die optimale Lösung erfordert 11 Umfüllungen (vgl. Abb. 14).

Abb. 14

12	5	5	10	10	3	3	8	8	1	1	6
0	7	2	2	0	7	4	4	0	7	6	6
0	0	5	0	2	2	5	0	4	4	5	0

4.8 „Paare verschieben"

(Spielplan S. 24)

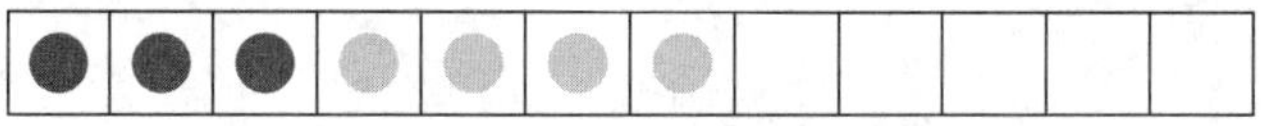

Spielregeln

Dieses Spiel ist eine Variante des Münzenspiels 3.8 und folgt der gleichen Regel. Der Unterschied besteht darin, dass nicht von beiden Sorten 4 Plättchen (Münzen) verwendet werden, sondern von der einen Sorte nur 3. Dieses Ungleichgewicht erfordert ein neues Herangehen.

Lösungshinweise: Die optimale Lösung kommt ebenfalls mit 5 Zügen aus und die Plättchen liegen am Schluss auf denselben Plätzen wie am Anfang (vgl. Abb. 15). Um die Erfolgschancen zu erhöhen, wird die Endlage bewusst nicht vorgeschrieben. Erst recht kommt es nicht darauf an, die Aufgabe mit der Minimalzahl von Zügen zu lösen.

Abb. 15

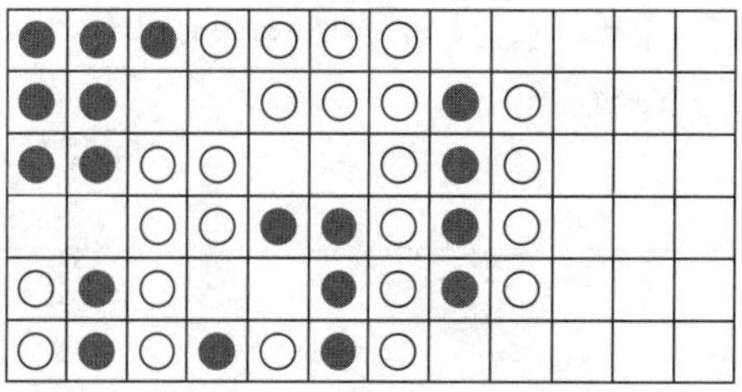

Anmerkung: Der Spielplan ist entbehrlich, wenn man die freien Zwischenplätze sicher abschätzen kann.

4.9 „Türme bauen"

(Spielpläne S. 25, 26)

Benötigt werden 6 Pappscheiben unterschiedlicher Größe, nummeriert von 1 bis 6 (s. Beilage).

Türme bauen 1

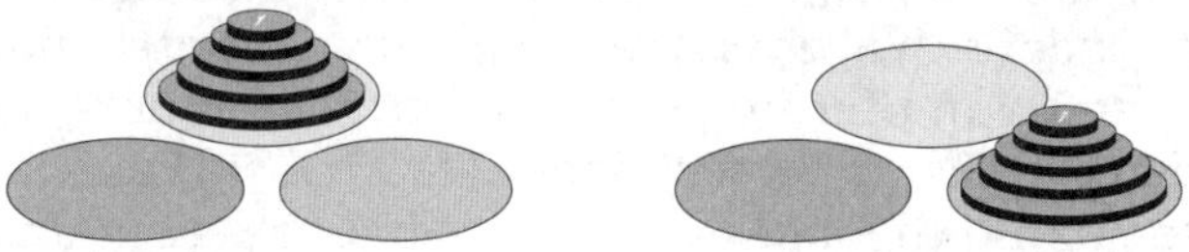

Türme bauen 2

Spielregeln

Es handelt sich um die direkte Fortsetzung des Denkspiels 3.9, wobei anstelle von 3 bzw. 4 Scheiben 5 bzw. 6 Scheiben Verwendung finden. Die Regeln sind völlig analog.

Lösungshinweise: Die Lösung für 5 Scheiben lässt sich auf die für 4, die für 6 auf die Lösung für 5 zurückführen: Die unterste Scheibe bleibt zunächst außer Acht. Der darüber befindliche Turm wird auf dem roten Feld zwischengelagert, sodass dann die unterste Scheibe in die Endposition befördert werden kann. Anschließend wird der restliche Turm vom roten Feld auf das blaue über der größten Scheibe verlagert.

Für 5 Scheiben benötigt man mindestens 31 Züge, für 6 Scheiben 63 Züge.

4.10 „Eifersüchtige Freunde"

(Spielplan S. 27)

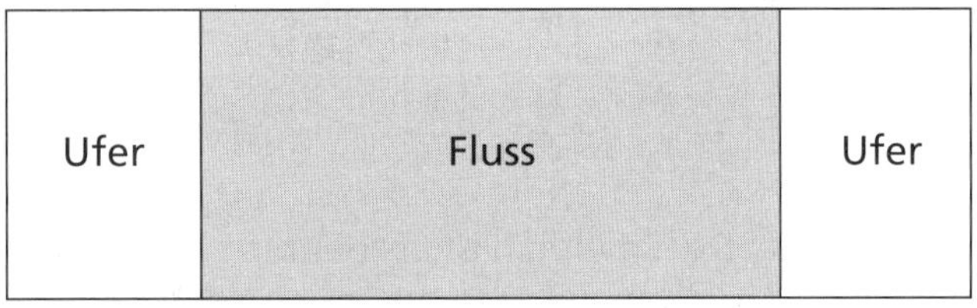

Spielregeln
Bei diesem Überfahrtsspiel, ebenfalls aus der Sammlung von Alkuin aus dem 8. Jh., ergeben sich die Regeln aus einem bestimmten Verständnis der Geschlechterrollen, das heute in den westlichen Ländern allerdings weithin als antiquiert gilt: Drei frisch verliebte Pärchen unternehmen eine Wanderung. Gegen Mittag brennt die Sonne sehr heiß und die sechs wollen sich im Schatten eines Waldrandes niederlassen, um ein Picknick zu machen. Der Wald befindet sich allerdings auf der anderen Seite eines Flusses. Am Ufer finden sie ein herrenloses Boot, in dem jeweils nur zwei Personen Platz haben. Es könnten natürlich immer zwei Personen übersetzen und eine davon könnte jeweils das Boot zurückbringen, bis alle auf der anderen Seite sind. Nach 11 Überquerungen wären dann alle auf der anderen Seite. ***Aber:*** Die drei Jungen sind ***sehr*** eifersüchtig. Keiner will, dass seine Freundin mit den beiden anderen Jungen zusammen ist, ohne dass er dabei ist. Es stellt sich also das Problem: Wie kann die Überfahrt unter dieser Bedingung organisiert werden?
Lösungshinweise: Wenn man die drei Pärchen Mädchen/Junge mit M_1, J_1; M_2, J_2; M_3, J_3 bezeichnet, kann eine Lösung gemäß Abb. 16 beschrieben werden.

Abb. 16

Linkes Ufer	Fluss	Rechtes Ufer
M_1, J_1, M_2, J_2, M_3, J_3		
	M_1, M_2 →	
J_1, J_2, M_3, J_3		M_1, M_2
	← M_2	
J_1, M_2, J_2, M_3, J_3		M_1
	M_2, M_3 →	
J_1, J_2, J_3		M_1, M_2, M_3
	← M_3	
J_1, J_2, M_3, J_3		M_1, M_2
	J_1, J_2 →	
M_3, J_3		M_1, J_1, M_2, J_2
	← M_2, J_2	
M_2, J_2, M_3, J_3		M_1, J_1
	J_2, J_3 →	
M_2, M_3		M_1, J_1, J_2, J_3
	← M_1	
M_1, M_2, M_3		J_1, J_2, J_3
	M_1, M_2 →	
M_3		M_1, J_1, M_2, J_2, J_3
	← M_2	
M_2, M_3		M_1, J_1, J_2, J_3
	M_2, M_3 →	
		M_1, J_1, M_2, J_2, M_3, J_3

programm mathe 2000

Herausgegeben von Prof. Dr. Erich Ch. Wittmann
und Prof. Dr. Gerhard N. Müller

programm mathe 2000 von Prof. Dr. E. Ch. Wittmann und Prof. Dr. G. Müller

Die im Forschungsprojekt „mathe 2000" der Universität Dortmund entwickelten Materialien sind Spitzenprodukte modernen Lerndesigns. Sie bieten Kindern und Erwachsenen anregende Aktivitäten zur spielerischen Entfaltung der Zahl- und Raumanschauung, des logisch-kombinatorischen Denkens und der Kreativität.

Bitte beachten Sie auch folgende Titel in der Reihe **„Spielen und Denken"**:

Spielen und Überlegen – Die Denkschule · Teil 1
von Gerhard N. Müller und Erich Ch. Wittmann
Best.-Nr. 199021

Der Teil 1 bietet 20 systematisch angeordnete Denkspiele für die Stufen 1 und 2 für Spieler ab 6 Jahren – ein motivierendes Training für die grauen Zellen! Komplett mit Spielplänen, Spielmaterialien und Anleitungen.

Spiegeln mit dem Spiegel
von Hartmut Spiegel
Best.-Nr. 199071

Anregende Spiegelspiele mit einem einfachen Handspiegel zum Probieren und Entdecken symmetrischer Figuren (ab 7 Jahren).

Spiegeln mit dem Spiegelbuch
von Gerhard N. Müller und Erich Ch. Wittmann
Best.-Nr. 199072

Das „Spiegelbuch" – zwei wie Buchdeckel verbundene Spiegel – hat zwar keine Seiten, aber es zeigt eine unendliche Vielfalt symmetrischer Figuren, die über herausfordernde Aufgaben erschlossen werden. Ab 9 Jahren.

Schauen und Bauen – Geometrische Spiele mit Quadern
von Gerhard N. Müller, Martina Röhr und Erich Ch. Wittmann
Best.-Nr. 199075

Ein Spiel zur Schulung der Raumanschauung und des kooperativen Arbeitens für 4 Spieler ab 9 Jahren. Bei jeder der etwa 50 Aufgaben erhält jeder Spieler ein Kärtchen, das drei Quader („Gebäude") aus „seiner" Himmelsrichtung zeigt. Keiner der Spieler hat die volle Information, wie die Gebäude aufzustellen sind. Zur Lösung der Aufgabe ist Kooperation erforderlich! Komplett mit Aufgabenkarten, Spielplan und Spielmaterialien.

Im Programm mathe 2000 ist auch **Das Zahlenbuch** erschienen, ein innovatives Mathematiklehrwerk für Grundschulen.

Weitere Anregungen und Informationen entnehmen Sie bitte unserem Katalog Grundschule, den Sie kostenlos anfordern können:

Ernst Klett Grundschulverlag
Postfach 1170
71398 Korb